루이스 헤이
Louise L. Hay

전 세계 사람들에게 영감을 준 심리치ㄹ   베스트
셀러 작가, 출판사 헤이하ㅇ   수많
은 이에게 차ㄱ   줌으
로써 영적   원
프리 쇼)와   디
오 프로그램   —ㄹ터인《치
유: 있는 그대   /ㄷ 35개국 이상에서 30
개 이상의 언어   ㄱ되어 5천만 부 이상 판매되었고 영
화로도 제작되었다. 그 외에도《나를 치유하는 생각》《삶
에 기적이 필요할 때》《나는 할 수 있어》《루이스 헤이의
긍정 확언》등 수많은 베스트셀러를 출간했다. 루이스 헤
이는 1926년에 10월 8일에 태어나 2017년 8월 30일에 긍
정 확언한 대로 세상에서 가장 평화롭게 잠에 든 상태에서
이 세상을 떠났다.

옮긴이 **이민정**

계명대학교에서 영어영문학을 공부한 후, 국내 유수의 기
업에서 통번역가로 다양한 활동을 해왔다. 현재 번역 에이
전시 엔터스코리아에서 번역가로 활동하고 있다. 옮긴 책
으로는《거의 모든 죽음의 역사》《당신이 마음껏 기적을
빚어낼 수 있도록》《힐링 에너지 공명》《스탠딩 톨》《내 남
은 생의 모든 것》《파리에서 보낸 한 시간》《지리학의 모든
것》등이 있다.

21
Days
to

루이스 헤이의
긍정 수업

Unlock the
Power of
Affirmations

하루 10분, 21일 만에 끝내는

루이스 헤이의
긍정 수업

루이스 헤이
이민정 옮김

김영사

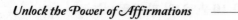

일러두기
본문에 소개하는 연습마다 빈 종이가 한 장씩 필요합니다.
줄이 그어진 노트나 여러 장 종이가 묶여 있는 노트 패드도 괜찮습니다.
그리고 펜 한 자루를 옆에 두고 이 책을 읽어나가며 활용하시기 바랍니다.

시작하며

확언의 세계에 오신 걸 환영합니다. 이 책에서 소개하는 확언을 실천하기로 한 순간부터, 이미 긍정적 변화를 만들어내고 스스로의 삶을 치유하며 앞으로 나아갈 결심이 선 겁니다. 이제 긍정적 변화를 이뤄낼 때가 왔습니다! 지금이 바로 당신의 생각을 조정할 적기입니다. 이 책에서 제시하는 방식을 따라온다면, 삶을 더 나은 방향으로 바꾼 수많은 사람의 대열에 합류할 수 있습니다.

확언을 실천하는 건 어렵지 않습니다. 케케묵은 부정적 신념의 짐을 들어내 그러한 신념이 본래 속했던 무의 세계로 내보내는 경험은 오히려 즐거울 수 있답니다.

자신 혹은 삶에 관해 부정적인 측면을 믿는다고 한들 그 신념이 조금이라도 옳다고 볼 수 있나요? 어린 시절부터 우리는 자신과 삶에 대해 부정적인 말을 들어왔습니다. 그런 견해를 진실인 양 받아들였지요. 이제, 그동안 우리가 믿어온 것에 대해 살펴볼 순간입니다. 그러한 생각이 삶을 기쁘고 충만하게 하므로 계속 믿어야 할지 아니면 그 생각들을 놓아줄지 결정할 겁니다. 제가 개인적으로 즐겨하는 상상 중 하나는 바로 낡은 신념을 강에 흘려보내는 겁니다. 그 낡은 신념은 강 하류로 떠내려가다가 어느 순간 녹아 없어져 다시는 돌아오지 않습니다.

삶의 정원에 아름답고 건강한 생각을 새롭게 심어봅시다. 삶은 당신을 사랑하기 때문에 최선을 선사하고자 합니다. 또 삶은 당신이 마음의 평화와 기쁨과 확신 그리고 자존감과 자기애를 누리기 바라지요. 당신은 언제든 누구와 함께하더라도 편안함을 느끼고 멋진 삶을 누릴 자격이 충분합니다. 이제 당신만의 새 정원에 이러한 생각의 씨앗을 심을 수 있도록 도울 겁니다. 긍정적 생각의 씨앗이 자라서 아름다운 꽃과 열매를 키워내면, 그 결실로 당신과 당신의 삶은 풍요로워질 겁니다.

Day 1

확언이란 무엇일까?

'확언affirmation'에 대해 잘 몰라서 한 번도 활용해보지 않은 독자들도 있겠지요. 그러니 우선 확언의 개념과 그 작동 원리에 대해 잠시 짚고 넘어가봅시다. 아주 쉽게 말해, 당신이 말하거나 생각하는 건 모두 확언입니다. 일상생활에서 사람들은 다분히 부정적인 말을 내뱉고 좋지 않은 생각을 품곤 하는데, 이렇게 되면 절대로 좋은 결과를 얻을 수 없습니다. 삶을 치유하고자 한다면 우선 생각하고 말하는 방식부터 긍정적인 패턴으로 조정해야 합니다.

어떤 면에서 확언은 인생의 닫힌 문을 열어준답니다. 그리고 변화의 기로에 선 당신이 내딛는 첫 발걸음이기도 하지요. 근본적으로 확언을 할 때 당신은 잠재의식 속에서 스스로 이렇게 말하고 있어요. '나는 내게 일어나는 일에 주도권을 쥐고 있고 책임을 진다. 그리고 노력하면 상황이 달라질 수 있다는 사실도 알고 있지.' 참고로 여기서 확언을 실행한다는 말은, 내 삶에서 방해 요소를 없애거나 완전히 새로운 무언가를 불러들이는 데 도움이 될 말을 의식적으로 선택한다는 뜻이에요.

마음속에 품는 모든 생각과 입으로 내뱉는 모든 말이 곧 확언입니다. 혼잣말이나 자신과 나누는 내적인 대화도 모두 일련의 확언에 해당하지요. 그러니까 당신은 본인의 인지 여부와 상관없이 매 순간 확언을 이용하는 셈입니다. 말 한마디 그리고 순간의 생각을 통해 확언이 이루어지고, 그에 따라 각자의 삶도 달라집니다.

알고 보면 신념이란 것도 어린 시절 습득한 습관적 사고 패턴에 불과해요. 대개 신념은 당신이 기대하는 바와 부합합니다. 하지만 개중에는 당신이 원한다고 말하는 바로 그 무언가를 이루지 못하게 방해하는 또 다른 신념이 존재한답니다. 사실 원하는 것과 누릴 자격이 있다고 믿는 것은 그 성격이 아주 다를 수 있어요. 그러므로 자신의 생각을 잘 들여다보고 원치 않는 일을 불러일으킬 만한 생각이라면 떨쳐낼 수 있어야 합니다.

모든 불평불만은 원하지 않는 것과 연관된 확언이라는 사실을 기억해둡시다. 그러니까 화를 낼 때마다 당신은 더 많이 분노하기를 원한다고 확언하는 셈이에요. 피해자라고 느낄수록 앞으로도 죽 억울한 일을 당하고 싶다고 확언하는 격이지요. 인생이 전혀 원하는 대로 풀리지 않는다고 느낀다면, 당신은 결코 인생이 주는 기쁨을 맛보지 못할 거예요. 즉 생각하고 말하는 방식을 근본적으로 바꾸기 전까지 이 모든 악순환은 반복될 겁니다.

지금까지 그래 왔던 방식으로 생각한다고 해서 당신이 나쁘다는 뜻은 아니에요. 당신은 그저 제대로 생각하고 말하는 법을 배우지 못했을 뿐입니다. 세계 각국의 여러 사람도 자신에게 벌어지는 일들이 본인의 생각에서 비롯된다는 사실을 이제 막 터득하기 시작했어요. 아마 당신의 부모님은 이 사실을 미처 몰랐기에 당신에게 일러주지 못했을 거예요. 그분들 역시 부모 세대에게 배운 방식 그대로 인생을 대하도록 당신을 교육했습니다. 하지만 이제는 당신 스스로 정신을 차리고 만족스러우면서도 자신에게 도움이 되는 방식으로 인생을 꾸려나가도록 노력해야 합니다. 당신이라면 충분히 그렇게 할 수 있어요. 저도 가능했답니다. 누구든 가능한 일이에요. 그저 어떻게 하는지 요령만 터득하면 되니까요.

이 책에서는 구체적인 주제와 고민거리를 다룹니다. 자존감과 두려움에서부터 비판과 용서에 이르기까지, 그리고 건강과 노화에서 시작해 직장에서의 성공과 경제적 문제, 부의 축적까지, 또 자기애는 물론 우정과 사랑, 성적 친밀함까지 다양한 내용이 소개될 거예요. 아울러 실전 가이드를 실어서 어떻게 하면 이 모든 영역에서 긍정적 변화를 이끌어낼 수 있는지 안내하고자 합니다.

가끔 이렇게 말하는 사람들이 있지요. "확언은 효과가 없어요."(이것 자체가 벌써 확언이긴 합니다.) 이 말은 곧, 말하는 사람 자신이 확언의 정확한 사용법을 모른다는 의미예요. 이 부류의 사람들은 "재산이 불어나고 있어"라고 말하고선 곧장, '아, 정말 바보 같아. 그렇게 될 리 없잖아'라는 식으로 생각합니다. 결국 실현될 확언은 과연 어느 쪽일까요? 단연코 부정적 성격의 확언이 이깁니다. 오랜 세월 습관적으로 삶을 대해온 방식이 그러하기 때문이지요. 어떤 이들은 하루에 겨우 한 번 정도만 확언을 하고 나머지 시간 내내 불평불만을 늘어놓기도 합니다. 그런 식이라면 확언이 제대로 효과를 내기까지 꽤나 오랜 시간이 걸릴 거예요. 불만 섞인 확언은 언제나 더 큰 힘을 발휘합니다. 그도 그럴 것이, 사람들은 긍정보다 불만을 훨씬 많이 토로하며, 대개는 진심을 강하게 실어 불만을 내뱉기 때문이지요.

그런데 '확언을 말로 하기'는, 확언이 이루어지게 하는 과정 중 극히 일부에 지나지 않아요. 오히려 그날 하루 남은 시간 동안 당신이 무엇을 하는지가 훨씬 더 중요합니다. 신속하면서도 지속적으로 확언의 효과를 체험할 수 있는 비결은, 바로 확언이 더 크게 자리할 수 있는 분위기를 조성하는 거예요. 한마디로 확언은 흙 속에 심은 씨앗과 같습니다. 토양이 형편없다면 씨앗은 제대로 자랄 수 없지요. 반면 양분이 풍부한 토양에서는 풍성한 수확이 이루어집니다. 마찬가지로 기분 좋은 생각만 골라서 할수록 확언은 더 빨리 이루어지는 법이지요.

그러니까 행복한 생각만 합시다. 비결은 이토록 간단합니다. 게다가 충분히 시도해볼 만하답니다. 지금 이 순간 당신이 취한 사고방식이 바로 선택 그 자체입니다. 너무나 오래 같은 방식으로 생각해왔기 때문에 당장은 깨닫지 못할 수 있어요. 정말이지 생각은 곧 선택입니다.

바로 지금 이 순간 당신은 생각을 바꿔보기로 마음먹을 수 있어요. 물론 하룻밤 사이 인생이 극적으로 달라지진 않겠지만, 행복한 생각만 하기로 매일매일 거듭 마음을 다잡는다면 틀림없이 일상 속 여러 측면에서 긍정적인 변화를 경험하게 될 겁니다.

마음속에 품는 모든 생각과 입으로 내뱉
는 모든 말이 곧 확언입니다. 말 한마디 그리고
순간의 생각을 통해 확언이 이루어지고, 그에
따라 각자의 삶도 달라집니다.

Day 2

삶에 기적을 불러오는
확언의 힘

오늘은 새날입니다. 오늘부터 당신은 기쁨이 넘쳐나고 성취감으로 가득한 삶을 빚어갈 거예요. 자신을 옥죄던 모든 한계에서 벗어나고, 인생을 꾸려가는 데 필요한 비결을 깨닫게 될 거예요. 이를 통해 삶을 더 나은 방향으로 바꿔놓을 수 있을 겁니다. 사실 당신은 그렇게 할 수 있는 도구들을 이미 지니고 있어요. 이 도구들은 다름 아닌 바로 당신의 생각과 신념이랍니다. 이러한 도구들을 사용해 삶의 질을 높이는 법에 대해 배워보기로 합시다.

매일 아침 저는 지금 누리는 멋진 삶에 축복과 감사를 느끼며 잠에서 깨어납니다. 그리고 주변에서 무슨 일이 일어나든지 간에 좋은 생각만 하기로 마음먹지요. 그렇다고 해서 매번 100퍼센트 완벽하게 이런 과정을 거치는 건 아니지만, 요즘은 75~80퍼센트 정도까지는 해내고 있는 듯

해요. 그리고 이렇게 함으로써 예전에 비해 삶을 훨씬 더 즐기고 좋은 기운을 더 많이 일상으로 불러들일 수 있게 되었습니다.

지금이야말로 생에 다시는 찾아오지 않을 유일한 순간이에요. 이 순간은 당신이 본인의 의지로 무언가를 해볼 수 있는 유일한 시간입니다. 제 요가 강사 모린 맥기니스는 수업 시간마다 이렇게 말하곤 했습니다. "어제는 이미 지나갔고 내일은 알 수 없습니다. 그러니 바로 오늘이 우리에게 주어진 선물 같은 시간입니다." 지금 이 순간 좋은 기분을 느낄 수 없다면, 앞으로 다가올 시간을 풍요롭고 즐겁게 보낼 수 있을까요?

지금 기분이 어떤가요? 기분이 좋은가요, 아니면 나쁜가요? 현재 어떤 감정이 드나요? 당신의 직감은 무어라 말하고 있나요? 더 나은 기분을 느끼고 싶은가요? 그렇다면 보다 좋은 기분이나 생각을 품어보세요. 슬픔이나 짜증, 괴로움, 원망, 화, 두려움, 죄책감, 우울함, 질투, 비난의 마음 등 종류가 무엇이든 간에 만약 당신이 나쁜 기분을 느낀다면, 우주가 당신을 위해 마련해둔 온갖 좋은 일들과의 연결 고리를 잠시 끊어버린 셈이에요. 부디 비난하는 데 생각의 에너지를 쓰지 않길 바랍니다. 그 어떤 사람이나 장소 혹은 사물도 당신의 기분을 조종할 수 없어요. 그

것들이 당신의 내면까지 침투해 들어와 생각할 수 없기 때문이지요.

이런 맥락에서 보면, 당신 역시 타인의 기분을 좌지우지할 수 없습니다. 그들의 생각까지 조종할 수 없기 때문이지요. 그 누구든 상대방이 허락하지 않으면 타인을 조종할 수 없어요. 당신도 자신 안에 내재된 이처럼 강한 정신을 느껴보고 싶을 거예요. 당신은 자신의 생각을 온전히 조종할 수 있습니다. 생각이야말로 내 마음대로 조종이 가능한 유일한 대상이기 때문이지요. 생각을 통해 선택한 것이 곧 당신이 삶에서 얻게 될 것들입니다. 개인적으로 저는 기쁨과 감사와 관련된 생각을 품기로 마음먹었습니다. 당신도 충분히 이렇게 할 수 있습니다.

그렇다면 어떤 생각을 하면 기분이 좋아질까요? 사랑, 감사, 고마움, 즐거웠던 어린 시절에 관한 생각? 아니면 살아 있음을 진심으로 기뻐하고 사랑으로 나의 몸을 축복하는 생각? 이 순간을 진심으로 즐기면서 다가올 내일을 신나게 기다리고 있습니까? 이런 생각들을 마음에 품고 스스로를 사랑한다면, 분명 삶에 기적을 불러일으킬 수 있습니다.

확언을 한다는 건, 장차 긍정적 결과로 이어질 만한 특정 생각을 의식적으로 품는 행위입니다. 일단 확언을 통해 초점이 생기고 나면 생각을 바꾸기 시작할 수 있지요. 확언은 바로 지금 당신이 내뱉는 말을 통해 현재라는 현실의 범주를 뛰어넘어 미래를 빚어낼 수 있게 합니다.

"난 부자야"라고 당신이 말한다면 지금으로선 보잘것없는 액수의 잔액이 계좌에 남아 있을 수 있지만, 이렇게 확언하는 순간 장차 누리게 될 부의 씨앗을 뿌려두는 셈이 되지요. 확언을 되뇔 때마다 당신은 마음속 공간에 뿌린 씨앗을 거듭 확인하는 겁니다. 이때 마음속 공간은 기왕이면 행복한 분위기를 띨수록 좋아요. 뭐든지 비옥하고 양분이 풍부한 흙에서 더 빨리 자라는 법이니까요.

확언의 말을 할 때는 늘 현재형을 쓰는 것이 중요해요. 돌려 말하는 완곡된 표현, 위축된 표현은 가급적 피해야 합니다. 예를 들어, 일반적인 확언은 이렇게 시작합니다. "나에게는 …이 있어." 혹은 "나는 …야." 만일 "나는 …이 될 거야"라든지 "나는 …을 가지게 될 거야"라고 말한다면, 당신의 생각은 먼 미래에 머무르는 꼴이 되어버립니다. 우주는 당신의 생각과 말을 그야말로 있는 그대로 받아들여 당신이 원한다고 말한 바로 그것을 선사하지요. 확언은 항상 이런 식으로 작용한답니다. 바로 이것이 마음을 행복하게 유지해야 하는 또 다른 이유예요. 기분이 좋을 때는 훨씬 수월하게 긍정적 확언과 생각을 할 수 있습니다.

이렇게 한번 생각해봅시다. 마음에 품은 생각 가운데 어느 하나 중요하지 않은 것이 없기에 이토록 소중한 생각을 함부로 낭비해서는 안 됩니다. 긍정적인 생각은 삶에 좋은 일을 불러들이고, 반대로 부정적인 생각은 좋은 일을 모두 밀쳐내버려요. 부정적으로 생각하면 좋은 걸 손에 넣기 힘들어지지요. 바라던 걸 거의 얻을 뻔했다가 마지막 순간에 누군가 잡아채간 듯 잃은 적이 지금까지 몇 번이나 되던가요? 당시 마음이 어떤 상태였는지 기억해낼 수 있다면, 왜 한순간 바라던 걸 잃어야 했는지 그 답을 알게 될 거예요. 부정적인 생각을 많이 하다 보면 어느새 거대한 장벽이 세워져 긍정적 확언에 접근할 수 없게 된답니다.

"더는 아프기 싫어"라고 말한다면, 건강을 불러들이기에 적절한 확언이라 볼 수 없어요. 확언을 할 때는 다음과 같이 원하는 바를 명확히 말해야 합니다. "이제 난 아주 건강해." 예를 들어, "난 이 차가 마음에 들지 않아"라고 확언한들, 그런 확언이 멋진 새 차를 선사할 리 없습니다. 바라는 바가 명확히 명시되지 않았기 때문이지요. 이런 경우 새 차가 생긴다고 하더라도 곧 그 차에 싫증이 나버릴 거예요. 당신이 확언한 바로 그대로 말입니다. 새 차를 원한다면 이렇게 말해보세요. "난 내 필요에 꼭 맞는 멋진 새 차를 갖고 있어."

이따금 이렇게 말하는 사람들이 있습니다. "정말 형편없는 인생이야!"(끔찍한 확언이 아닐 수 없습니다.) 이런 말을 내뱉었다면 어떤 일이 벌어질지 예상이 되나요? 정작 형편없는 건 인생이 아니라 그런 생각 자체입니다. 또 그렇게 생각하다 보면 기분도 나빠질 게 뻔합니다. 기분이 나쁠 때는 좋은 일이 찾아들 리 만무하지요.

삐거덕거리는 관계나 온갖 문제들, 질병, 가난 등, 당면한 여러 제약 사항에 대해 왈가왈부하느라 시간을 흘려보내지 마세요. 문제에 대해 말할수록 그 문제가 더 깊이 자리하도록 돕는 격이 되니까요. 그리고 일이 잘 풀리지 않는다고 해서 다른 사람을 탓할 필요는 없습니다. 그것 역시 시간 낭비의 또 다른 형태일 뿐이니까요. 기억해둡시다. 당신을 좌지우지하는 건 다름 아닌 자신의 의식과 생각이며, 어떤 일이 벌어진다면 그건 바로 당신이 생각한 방식대로 도출된 결과물이라는 것을요.

생각하는 방식을 바꾸면 당신의 인생도 모든 면에서 달라집니다. 아마 주변의 사람과 장소, 사물 그리고 환경까지 죄다 달리 보일 수 있다는 사실을 발견하고는 틀림없이 감탄과 기쁨을 연발할 겁니다. 남을 탓하는 건 부정적 확언의 또 다른 형태일 뿐이므로 귀중한 생각을 그런 데 써버리지 마세요. 대신 부정적 확언을 긍정적 확언으로 전환하는 요령을 배워본다면 좋겠지요. 예를 들어보겠습니다.

난 내 몸이 싫어.	전환	난 내 몸이 정말 좋고, 그런 내 몸에 감사해.
난 단 한 번도 경제적으로 풍족했던 적이 없어.	전환	돈이 여기저기서 들어오고 있어.
이젠 아픈 것도 진절머리 나.	전환	이제 내 몸은 본연의 생기 넘치는 건강한 상태로 돌아와.
난 너무 뚱뚱해.	전환	나는 내 몸을 존중하며 잘 관리하고 있어.
아무도 날 좋아하지 않아.	전환	나는 사랑을 발산하고, 내 삶은 사랑으로 가득 채워져 있어.
난 창의적이지 못해.	전환	나는 여태 자각하지 못했던 재능을 발견하고 있어.
나는 이 형편없는 직장에서 헤어나지 못하고 있어.	전환	새롭고 멋진 기회의 문은 늘 열려 있어.
나는 아직 멀었어.	전환	나는 긍정적인 방향으로 변화하고, 좋은 걸 누릴 자격이 있어.

그렇다고 해서 어떤 생각이 떠오를 때마다 부정적 확언인지 아닌지 염려해야 되는 건 아닙니다. 처음 전환을 시도하면서 자신의 생각에 아주 집중하다 보면, 그간 해왔던

생각 중 많은 부분이 부정적이었음을 깨닫고 깜짝 놀라게 될 거예요. 앞으로는 부정적 생각에 사로잡힐 것 같으면 이렇게 되뇌어보세요. '예전이라면 그렇게 생각했겠지. 이젠 그런 식으로 생각하지 않아.' 그런 다음 부정적 생각을 몰아낸 빈자리를 가능한 한 빨리 긍정적 생각으로 채우는 거예요. 잊지 마세요. 당신은 늘 최대한 좋은 기분을 유지하고 싶어 해요. 괴로움이나 분노, 원망, 죄책감과 같은 생각에 사로잡히면 비참해질 뿐이지요. 그런 생각을 떠올리는 습관 따위는 얼른 떨쳐버리기 바랍니다.

확언은 모든 문제에 대한 해결책이 되어줄 거예요. 어떤 문제로 고민하고 있다면 계속 다음과 같이 말해봅시다.

— '다 괜찮아. 결국에는 내게 득이 되는 거야. 이런 어려움을 겪었으니 이제 좋은 일만 남았어. 난 아무렇지도 않아.'

간단하지만 이 확언은 당신의 삶에 기적을 불러일으킬 거예요. 또 하나 덧붙이자면, 이런 이야기를 비웃을 만한 사람들에게는 당신이 확언을 하고 있다고 알리지 마세요. 이제 막 확언을 시작한 단계라면 바라던 결과물을 얻을 때까지 혼자서 생각하는 편이 좋아요. 그러다 보면 지인들이 이렇게 말하는 순간이 올 겁니다. "요즘 네 삶이 완전히 변한 것 같아. 너도 꽤 달라졌고. 어떻게 한 거야?"

이제 앞서 언급한 확언의 원칙들을 제대로 이해하고 거기에 익숙해질 때까지 이 장을 몇 번 더 훑어보세요. 또 가장 와닿는 장을 집중적으로 살펴보고 해당하는 특정 확언을 연습해둡시다. 무엇보다 당신만의 확언을 꼭 만들어보아야 해요.

지금이라도 당장 해볼 만한 확언들입니다.

—　　"나는 충분히 훌륭해!"
　　　"나는 내 삶에 긍정적인 변화를 일으킬 수 있어!"
　　　"나는 할 수 있어!"

당신을 좌지우지하는 건 다름 아닌 자신의 의식과 생각이며, 어떤 일이 벌어진다면 그건 바로 당신이 생각한 방식대로 도출된 결과물이라는 것을 기억하세요.

Day 3

자존감과 자신감

오늘 탐구해볼 주제는 바로 '자존감'입니다. 한 가지 확실한 사실은, 자신에 대해 부정적인 생각을 품으면 결코 자존감은 높아질 수 없다는 겁니다. 자존감이란 그저 자신에 대해 긍정적 감정을 품는 것이지만, 일단 그러고 나면 자신감을 얻게 되지요. 그리고 자신감은 자존감을 고양합니다. 그러니까 양쪽이 서로의 발판으로 작용하는 셈이지요. 한번 이런 리듬을 타기 시작하면 이루지 못할 일은 거의 없다고 보면 됩니다.

자존감은 자신과 결부해서 품는 생각이므로 무엇이든 마음 가는 대로 생각하는 것이 허용됩니다. 자, 그렇다면 굳이 자신을 폄하할 이유는 없지 않을까요?

갓 태어났을 때 당신은 사랑으로 충만하고 자신만만했어

요. 세상에 당도한 바로 그 순간부터 당신은 자신이 얼마나 멋진 존재인지 알고 있었던 거지요. 작은 아기였지만 당신은 너무도 완벽했답니다. 이미 완벽했기에 당신 자신에 관해 그 어떤 노력도 기울일 필요가 없었으며, 마치 그런 사실을 전부 알고 있다는 듯 행동했어요. 자신이 우주의 중심임을 알았습니다. 그 시절 당신은 원하는 걸 주저 없이 요구했지요. 또 자신의 감정을 자유롭게 표현했어요. 그래서 당신의 어머니도 당신이 화났다는 걸 즉각 알아차릴 수 있었지요. 사실 온 동네 사람들이 알아차리고도 남았을 거예요. 반면 아기인 당신이 행복할 때면 당신은 눈부신 미소로 집 안을 밝혔습니다. 당신은 사랑으로 충만하고 자신만만했어요.

사랑으로 보살피지 않는다면 아기들은 생존하기 어렵습니다. 어른이 되어서는 굳이 사랑받지 않고서도 살아가는 법을 터득하기 마련이지만, 아기들의 경우라면 어림없지요. 아기들의 또 다른 특징을 들자면, 그들이 자신의 몸 구석구석을 사랑해 마지않는다는 점입니다. 자신의 배설물까지도 말이지요. 아기들에게 죄책감이나 수치심, 열등감 따위 감정은 없어요. 자신이 누구보다 특별하고 멋지다는 사실을 잘 알고 있기 때문이지요.

당신 역시 그랬습니다. 그렇게 어린 시절을 보내던 중 어느 순간부터 부모님은 부지불식간에 본인들이 느낀 불안을 당신에게 물려주었고, 스스로 부족하다고 여기며 두려움을 느끼도록 당신을 가르쳤지요. 이쯤 되자 당신은 자신이 이미 훌륭한 존재라는 사실을 부인하기 시작했습니다. 알다시피 이런 일련의 생각과 감정은 결코 옳았던 적이 없으며, 당연히 지금도 사실과는 거리가 멀어요. 이제 더없이 자신만만하던 시절로 자신을 되돌려 놓아봅시다.

❖ 나는 나를 인정해

수백 명에게 이 연습법을 소개한 뒤 얻은 성과는 실로 놀라웠습니다. 그러니 다음 한 달 동안 당신도 자신에게 거듭 이렇게 말해보세요. "나는 나를 인정해."

적어도 하루에 삼사백 번은 말해봅시다. 이건 절대 너무 많은 횟수가 아니에요. 걱정에 빠졌을 때의 자신을 떠올려보세요. 분명 당면한 문제를 삼사백 번도 넘게 곱씹었을 테지요. '나는 나를 있는 그대로 인정해'라는 문구를 늘 떠올리며 쉬지 않고 주문처럼 거듭 되뇌어봅시다.

'나는 나를 인정해'라고 말하는 순간, 의식의 건너편에 묻혀 있던 잠재된 것들도 전부 불러올 수 있게 된답니다.

'이렇게 형편없는 나를 어떻게 인정할 수 있단 말이야?' 내지는 '이렇게 한다고 일이 잘 풀릴 거라고 생각하면 어리석은 거지' 혹은 '난 잘하는 게 없어'와 같이 조금이라도 부정적인 생각이 떠오른다면, 지금 바로 마음을 다잡아야 합니다. 우선 그런 생각에 의미를 두지 마세요. 부정적 생각은 당신을 과거에 붙들어둘 뿐이니까요. 이제 그 모든 부정적 생각을 향해 이렇게 말해봅시다. "이제 놓아줄게. 나는 나를 있는 그대로 받아들여."

물론 이러한 훈련을 실천해볼까 생각만 해도 여러 가지 잡다한 생각이 떠오를 수 있습니다. '바보 같은 소리!' '현실성 없어' '틀림없이 거짓말이야' '잘난 체하네' '그런 상황에서 어떻게 나를 인정하지?'와 같이 말이에요.

이런 생각들은 모두 그냥 흘려보냅시다. 그저 저항하는 생각들일 뿐이니까요. 믿지 않으면 그 생각들은 결코 당신을 조종할 수 없습니다.

'나는 나를 인정해, 나는 나를 인정해, 나는 나를 인정해.' 그래요. 어떤 일이 일어나든, 누군가 어떤 말을 던지든, 누군가 당신에게 어떤 행동을 하든, 그저 가던 길을 가세요. 실제로 누군가 마땅치 않은 일을 할 때 이렇게 말할 수 있다면, 스스로 성장과 변화를 거듭하고 있는 겁니다.

모름지기 생각이란 우리가 그 생각에 사로잡혀 굴하지 않는 한 우리를 휘두르지 못합니다. 게다가 생각은 그저 여러 말이 길게 이어진 것에 불과하므로, 생각 자체가 의미를 지닐 수는 없어요. 생각에 굳이 의미를 부여하는 건 바로 우리 자신이지요. 그러니 기왕이면 마음에 풍요와 응원을 선사하는 생각을 품어보는 건 어떨까요?

자신을 똑바로 바라보며 긍정적인 말 건네기는 확언의 방식 중에서도 가장 빨리 좋은 결과를 이끌어낼 수 있는 방법입니다. 추천하는 확언의 방법은 거울 앞에서 거울 속 자신을 똑바로 바라보며 긍정적인 말을 하는 겁니다.

자, 이제 새로운 생각을 품고 스스로를 다시 바라봅시다. 그리고 자신에게 건네는 말도 전부 새로 바꿔서 내가 얼마나 멋진 사람인지, 따라서 나는 좋은 것들만 누리며 살아갈 자격이 충분하다고 말해보세요. 행복한 생각만 골라서 하고 기분이 좋아지는 일을 합시다. 같이 있으면 유쾌한 사람들을 만나고 내 몸이 좋아하는 음식을 섭취하세요. 내 기분이 좋아지는 페이스를 유지해야 합니다.

자존감을 고취하는 확언

긍정적 확언이 효과를 발휘하지 못하도록 가로막는 대표적 장애물 중 하나가 바로 '나는 부족한 사람'이라는 기분에 사로잡히는 겁니다. 즉 스스로 좋은 것을 누리며 살아갈 자격이 없다고 여기는 경우지요. 아래에 이어지는 내용은 자존감을 고취하는 확언 목록입니다. 기억할 수 있는 항목이 몇 개나 되는지 잘 살펴보세요. 그리고 그 말들을 자주 되뇌어야 합니다. 그렇게 하다 보면 이제껏 떨쳐내지 못했던 '보잘것없다'는 기분을 자존감에 가까운 쪽으로 바꿀 수 있을 거예요. 이렇게 되면 긍정적 확언도 한결 수월하게 할 수 있답니다.

- ◆ 난 나를 긍정적으로 생각해.
- ◆ 난 오롯이 내 의지로 살아가. 따라서 내 힘을 있는 그대로 받아들여 제대로 사용하지.
- ◆ 난 모든 상황에 적절히 대처할 줄 알아.
- ◆ 다른 사람들이 하는 말이나 행동은 중요하지 않아. 핵심은 내가 어떻게 반응하는지 그리고 나 자신을 어떻게 평가하는지에 있어.
- ◆ 내가 바라보는 세상은 사랑과 수용으로 충만해. 아무 문제 없이 모든 일이 잘 풀리지.

◆ 난 자존감이 높은 편이야. 내가 자랑스럽기 때문이지.

◆ 난 좋은 걸 누릴 자격이 충분해.

◆ 내 삶은 매일 더 멋진 방향으로 나아가. 돌아오는 매 시간이 기대될 정도야.

◆ 나는 너무 부족하지도 너무 과하지도 않은 사람이고, 굳이 나 자신을 타인 앞에서 증명해 보이지 않아도 돼.

◆ 어쩌다 문제가 발생하더라도 분명 해결책을 찾아낼 거라고 확신해.

◆ 삶은 가능한 모든 방식을 동원해 나를 도와줘.

◆ 난 인생을 잘 헤쳐나가고 있으며 여러모로 매우 안전해. 신성한 힘이 나를 보호하고 이끌어주기 때문이지.

◆ 내가 다른 사람들을 있는 그대로 받아들이는 만큼, 그들 역시 나를 내 모습 그대로 인정하지.

◆ 난 멋진 존재고 기분이 항상 최고야. 이런 내 삶이 고마워.

◆ 나는 자존감과 힘, 자신감을 두루 갖추고 수월하게 인생을 살아가고 있어.

생각 자체가 의미를 지닐 수는 없어요.
· 생각에 굳이 의미를 부여하는 건 바로 우리 자
신이지요. 기왕이면 마음에 풍요와 응원을 선사
하는 생각을 품어보는 건 어떨까요?

Day 4

왜 나는 변화하길 주저할까?

오늘 이야기 나눌 주제는 많은 이가 다루기 어려워하는 '변화'입니다. 우리는 모두 인생이 바뀌기를 바랍니다. 상황이 더 나은 방향으로 수월해지기를 바라지만, 정작 스스로 변하려고 하지 않습니다. 대신 우리는 주변 조건과 삶이 변하기를 바라지요. 그런데 그렇게 되려면 우리는 자신의 내면부터 변화시켜야 합니다. 그러니까 생각하고 말하는 방식, 나아가 표현의 방식까지 바꿔보아야 합니다. 나머지 외적인 변화는 그러고 나서야 발생합니다.

제 경우엔 늘 마음 한구석에 어느 정도 고집스러운 성격을 품어왔습니다. 심지어 요즘도 삶을 변화시키고자 할 때면, 이런 고집스러움이 불쑥 고개를 들이밀고 나서는 바람에 기존 사고방식을 바꾸려는 시도가 큰 저항에 부딪히곤 하지요. 결국 잠깐씩 독선적이며 화가 많고 내성적인 모습을 보이기도 합니다. 그렇습니다. 수년간 온갖 노력을 기울여 수련에 매진했음에도 제 안에는 여전히 이런 성격이 남아 있습니다. 제가 안고 있는 숙제인 셈입니다. 그래도 요즘은 이런 일이 벌어진다 싶으면 스스로 변화의 중대한 기로에 도달했음을 감지합니다. 삶에 변화를 불어넣고 내면의 무언가를 밖으로 내보내기로 결심할 때마다, 더 면밀히 제 본연의 모습을 관찰하려 합니다.

새로운 생각이 들어서려면 케케묵은 사고의 틀을 한 층씩 들어내야 합니다. 이 일이 쉽게 느껴질 때도 있겠지만, 가끔은 깃털로 바위를 들어올리듯 버거울 수 있습니다.

변화를 원한다고 선언하는 순간에도 낡은 신념을 놓아주지 못하고 집착하게 될 때야말로 그러한 신념을 분명히 내보내야 합니다. 사실 이러한 일련의 과정을 직접 체득하지 않고서는 다른 이들에게 알려줄 수 없지요.

뛰어난 스승이라고 해서 그 생활환경이 전부 수월하고 밝지만은 않습니다. 오히려 수많은 고통과 괴로움에 시달리며 기존의 틀을 걷어내려 노력한 결과, 오늘날 다른 이들이 자유로워지도록 도움을 줄 수 있게 되었지요. 탁월한 스승들을 살펴보면, 대부분 내면으로 최대한 깊이 파고들어 기존의 그릇된 생각과 묵은 신념의 틀을 들어내려 끊임없이 노력합니다. 또 이런 과정은 자연스레 평생 과업으로 이어집니다.

묵은 신념을 내보낼 때 과거에 제가 택했던 방식과 오늘날 그것 사이의 주된 차이점이라면, 그 과정에서 요즘의 저는 스스로에게 화를 내지 않는다는 겁니다. 이제는 제게 뭔가 바꿀 점이 있다고 해서 제가 나쁜 사람이라고 여기지는 않기 때문이지요.

요즘 제가 거치는 정신적 작업은 집 안 청소와 흡사합니다. 우선 마음의 방들을 둘러본 뒤 각각의 방에 잔존하는 생각과 신념을 살펴보지요. 그 생각이나 신념이 마음에든다면, 나는 그것을 다듬고 윤을 내어 훨씬 더 쓸모 있게만듭니다. 반대로 갈아 치워야 하거나 수리가 필요하다고 판단되면, 할 수 있는 선에서 최대한 관심을 기울입니다. 개중에는 날짜가 지난 신문이나 낡은 잡지 혹은 더 이상 맞지 않는 옷과 같은 생각이나 신념도 있겠지요. 이런 것들은 그저 남에게 줘버리거나 휴지통에 넣어버리면 그만입니다. 그렇게 하는 동안 나 자신에게 화를 내거나 스스로 나쁘다 여길 필요가 전혀 없습니다.

평생 부정적인 생각에 빠져 살다 마음의 집을 청소하는 것은, 마치 그동안 불량식품만 먹어대다가 영양이 잘 짜인 식단을 실천하는 것과 비슷합니다. 두 경우 모두 치유의 과정에서 위기가 찾아올 수 있습니다. 일단 실질적 식습관에 변화를 주기 시작하면, 우리 몸은 그간 축적된 독소 찌꺼기를 배출하게 되지요. 이렇게 되면 하루이틀 정도 컨디션이 저조하다고 느낄 수 있습니다. 마찬가지로 마음속 생각의 패턴을 바꾸기로 결심했다면, 한동안 주변 상황이 더 나빠진 것처럼 보일 수 있어요.

추수감사절 저녁 파티가 막 끝난 순간을 한번 떠올려보세요. 모두 식사를 마쳤으니 이제 칠면조를 요리했던 팬도 깨끗이 씻어둬야겠지요. 팬을 확인해보니 온통 그슬리고 음식물 찌꺼기가 눌어붙어 있어서 뜨거운 비눗물에 잠시 담가두기로 합니다. 그러곤 곧장 팬을 문지르기 시작합니다. 자, 이제 정말 지저분한 장면이 연출되는군요. 팬은 그 어느 때보다 더러워 보입니다. 하지만 계속 문질러 씻다 보면 팬은 어느새 새것처럼 깨끗해집니다.

찌꺼기가 말라붙어 지저분해진 마음을 청소할 때도 마찬가지입니다. 기존 패턴을 새로운 생각에 잠기도록 놔두면, 온갖 이물질이 떠오르는 걸 알아차릴 수 있지요.

자, 이제 저 자신은 물론 다른 이들에게도 소개한 아주 효과적인 방법을 한번 해볼까요?

❖ 변화에 대한 의지

우선 거울 앞에서 자신을 바라보며 확언해봅시다. "나는 변화를 원해." 그리고 기분이 어떤지 살펴보세요. 만일 주저하고 거부하는 마음이 일거나 더 이상 변화를 원하지 않는다면, 왜 그런지 스스로에게 물어봅시다. 기존의 케케묵은 신념에 연연하고 있나요? 어찌 되었건 자신을 꾸짖지는 마세요. 그저 변화를 거부하는 이유가 무엇인지 알아보기만 하면 됩니다. 당신은 틀림없이 오래 묵은 그릇된 신념으로 인해 지금까지 여러 문제에 시달려왔겠지요. 그런 신념은 과연 어디에서 비롯된 것일까요? 당신은 알고 있나요?

그 출처를 알든 모르든 이제는 오래 묵혀둔 그 신념을 없애봅시다. 자, 이제 다시 한번 거울 앞으로 가서 거울 속 자신의 눈을 똑바로 바라보세요. 목을 가다듬고 큰 소리로 이렇게 열 번 말합니다. "변화를 거부하는 마음은 다 내보내겠어."

변화를 위한 확언

삶에 변화가 찾아들면 그 변화가 일어나도록 허락하세요. 그리고 이 점을 꼭 기억해두세요. 바꾸고 싶지 않은 부분이 있다면, 바로 거기에 가장 큰 변화가 필요하다는 사실을 말입니다.

우주적 지성universal intelligence은 늘 당신의 생각과 말에 반응합니다. 따라서 아래와 같이 말한다면 주변 상황이 분명 바뀌기 시작할 거예요.

- ◆ 변화는 지금 이 순간 시작될 수 있어. 과연 어디서부터 어떻게 변해야 할지 한번 알아볼 거야.
- ◆ 내 인생은 늘 좋은 일들로 가득해. 그래서 난 새롭고 멋진 변화를 환영해.
- ◆ 기존의 부정적 생각 때문에 한계로 여겨지는 모든 것을 내보내겠어. 나는 다가올 앞날을 기쁜 마음으로 기대해.
- ◆ 세상은 내게 안전한 곳이야. 나는 변화와 성장을 편안한 마음으로 받아들여.
- ◆ 나는 새로운 변화를 자발적으로 기꺼이 받아들이지.
- ◆ 자유와 변화의 기운이 느껴져. 이제 케케묵은 생각들은 내다버릴 거야.

◆ 나는 더 이상 과거에 얽매여 있지 않아. 새롭게 다가올 내일을 두 팔 벌려 환영해.

◆ 나는 내 의식을 인생 전반을 향해 열어두고 있어. 삶은 성장과 변화의 기회로 가득하니까.

◆ 삶에서 벌어지는 모든 변화로 인해 내 이해 수준은 새로운 단계로 상승하지.

◆ 변화와 적응은 늘 쉬운 일이야. 나는 유연하게 전진하고 있어.

◆ 늘 변화하는 삶의 리듬과 흐름 속에서 나는 아무 탈 없이 안전해.

◆ 삶은 매 순간 멋지고 새로운 기회를 주어 더 성장하도록 만들지.

◆ 나는 거부감이나 두려움 없이 다가올 변화를 받아들여. 나는 자유로워.

◆ 바꾸고 싶지 않은 부분에 가장 많은 변화가 필요하다는 사실을 잘 알고 있어.

◆ 사람들은 변해. 그리고 난 사람들의 그런 변화를 받아들여.

변화를 원한다고 선언하는 순간에도 낡은 신념을 놓아주지 못하고 집착하게 될 때야말로 그러한 신념을 분명히 내보내야 합니다.

Day 5

두려움을 대하는 자세

'두려움'이라는 감정에 대한 내용을 다뤄보겠습니다. 어떤 상황에서든 우리는 사랑과 두려움 중 한 가지는 느끼게 되어 있습니다. 변화를, 변하지 않음을, 미래를 그리고 무언가 시도하는 걸 두려워하지요. 관계가 친밀해지는 것도 두려워하지만, 홀로 남겨지는 것도 두려워합니다. 또 내가 무엇을 필요로 하는지, 어떤 사람인지 사람들이 알아차리는 것을 두려워하는가 하면, 과거에 대한 미련을 버리는 것도 두려워해요.

감정의 범주 중 두려움의 반대편에는 사랑이 자리합니다. 사랑은 바로 우리 모두가 좇는 기적이지요. 사실 스스로를 사랑할 수 있으면 삶에 기적이 찾아옵니다. 이때 자신에 대한 사랑이란 자만이나 교만을 뜻하지 않습니다. 그건 사랑이 아니라 두려움이니까요. 자신에 대한 사랑이란, 스스로를 아주 존중하며 기적과 같은 자신의 몸과 마음에 감사의 마음을 품는다는 의미예요.

자신에 대한 사랑과 신뢰가 부족하다고 여겨 두려움에 사로잡혔던 순간을 떠올려봅시다. 스스로 '충분히 훌륭하다'고 느끼지 못하면 결정을 내리는 과정에서 문제가 발생합니다. 자신에 대한 확신 없이 좋은 결정을 내릴 수 있을까요?

수전 제퍼스Susan Jeffers는 자신의 저서 《자신감 수업 Feel the Fear and Do It Anyway》에서 이렇게 말합니다. "누구든 뭔가를 난생처음 접하게 되면 두려움에 봉착합니다. 그런데 두렵지만 일단 '해보는' 사람도 많아요. 그들은 두려움이 근본적 문제는 아니라는 결론에 도달합니다." 이어서, 진짜 문제는 두려움이 아니라 두려움을 대하는 우리의 자세라고 이야기합니다. 두려움 앞에서 우리는 주도적 자세를 취하거나 무력함을 보이게 되지요. 결국 우리가 느끼는 두려움 자체는 크게 의미가 없다는 말이 됩니다.

우리는 '우리가 생각하는 문제'가 무엇인지 보고 나서 진짜 문제가 무엇인지 알아차리게 됩니다. 스스로 '충분히 훌륭하다'고 느끼지 못하는 것과 자기를 사랑하는 마음이 부족한 것이 진짜 문제이지요.

감정적 문제야말로 우리를 가장 힘들게 하는 사안입니다. 우리는 때때로 노여움과 슬픔, 외로움, 죄책감, 불안 혹은 두려움에 시달리지요. 이러한 감정들이 엄습하여 우리를 잠식하면, 삶은 감정의 전쟁터로 변해버립니다.

그럴수록 자신의 감정을 대하는 자세가 중요합니다. 당신은 어떤 식으로든 행동을 취하는 편인가요? 상대를 벌하거나 자신의 의지를 관철시키는 편입니까? 어쩌다 보니 자신을 학대하고 있지는 않나요?

스스로를 충분히 훌륭하지 않다고 여긴다면, 이는 가장 심각한 문제라고도 볼 수 있습니다. 건강한 정신은 바로 자기애에서 출발하니까요. 따라서 상황이 좋을 때나 나쁠 때나 자신을 전적으로 인정하고 사랑할 수 있다면 변화할 수 있습니다.

다른 사람들의 의견을 마음에 담아두지 않고 그로부터 자유로워지는 것 역시 자기수용의 일부입니다. 우리가 자신에 대해 믿기로 한 내용 중 다수는 사실과 전적으로 거리가 멉니다. 그러한 생각대로 행동하지 않는 한 우리는 절대 거기에 좌지우지되지 않아요. 생각은 그저 여러 말의 이어짐에 불과합니다. 생각에는 아무런 의미가 없다는 뜻이지요. 굳이 생각에 의미를 부여하는 건 우리 자신뿐입니다. 마음속으로는 자꾸 부정적 메시지에 집중하면서 말이지요. 자연히 자신에 관한 최악의 내용을 믿게 됩니다. 그리고 스스로 자신의 생각에 부여한 그런 부류의 의미를 골라잡기 마련이지요.

Exercise

❖ 놓아주기

이 연습을 할 때는 심호흡을 크게 한 번 하고, 내쉬는 숨에 몸속 긴장을 모두 내보내도록 합니다. 머리와 이마, 얼굴의 긴장도 서서히 풀어봅시다. 이 글을 읽기 위해 머리를 긴장시킬 필요도 없습니다. 혀와 목, 어깨의 긴장도 풀어봅시다. 그리고 허리와 복부, 골반도 편안히 합니다. 숨을 편히 쉬면서 다리와 발을 중력에 맡기세요.

앞의 단락을 읽는 동안 몸에 뚜렷한 변화가 느껴졌나요? 이렇게 편안하고 느긋한 상태에서 자신에게 말해봅시다. "기꺼이 놓아줄게. 풀어줄게. 내려놓을게. 모든 긴장을 풀어줄게. 모든 두려움도 놓아줄게. 모든 노여움도 풀어줄게. 모든 죄책감도 내려놓을게. 모든 슬픔도 놓아줄게. 해묵은 한계도 놓아줄게. 모두 놓아주고 나니 평화로워. 내 자신과 함께 평화로워. 내 삶의 여정이 평화로워. 나는 안전해.”

이 페이지를 두세 번 다시 훑어봅시다. 그리고 힘든 생각이 찾아들 때마다 방금 연습한 말을 되뇌어보세요. 조금만 연습하다 보면 이 문구가 본래 나의 일부였던 것처럼 익숙해질 겁니다. 그렇게 이 연습과 친해지고 나면 언제 어디서나 활용할 수 있을 거예요. 어떤 상황에서든 긴장의 끈을 놓고 완벽하게 편안해질 수 있습니다.

❖❖ 내 안의 어린아이와 신나게 놀기

불안이나 두려움이 엄습해 평소와 같이 생활하기 힘들다면, 마음속 어린아이를 내버려둔 채 돌보지 않고 있을 가능성이 큽니다. 그렇다면 마음속 어린아이와의 연결 고리를 되찾을 수 있는 방법을 몇 가지 떠올려봅시다. 무얼 하면 재미있을까요? 오직 당신만을 위해 할 만한 일이 있을까요?

마음속 어린아이와 함께 즐길 수 있는 방법을 열다섯 가지 정도 나열해봅시다. 책 읽기, 영화 보기, 정원 꾸미기, 일기 쓰기, 따뜻한 물에 목욕하기와 같은 활동도 좋겠지요. 또 아이들에게 어울릴 법한 '천진난만한' 활동은 어떨까요? 꼭 시간을 들여 진지하게 생각해보기 바랍니다. 해변 달리기나 놀이터로 가서 그네 타기, 크레용으로 그림 그리기, 나무 오르기 등을 시도해볼 수도 있을 거예요. 목록을 다 만들었다면 적어도 하루에 한 가지 활동은 실천해보도록 합시다. 치유를 시작해보는 거예요!

자, 내가 찾아낸 놀 거리들을 한번 보세요. 이렇게 계속하는 거예요. 나를 위해서 그리고 내 안에 자리한 어린아이를 위해서 신나는 일을 만들어내는 겁니다. 소원하던 두 사람의 관계가 부드럽게 치유되어가는 걸 느껴보세요.

두려움에 맞서는 확언

두려움에 대처할 때 필요한 확언을 주제별로 구분해보았습니다. 각각의 주제는 부정적 신념의 예문과 그러한 그릇된 신념에 맞서는 긍정적 확언으로 구성되어 있습니다. 이대로 따라 하기보다는 각 주제별로 자신이 느끼는 가장 큰 두려움을 손수 적어본 다음, 그에 걸맞은 긍정적 확언을 떠올리면서 나만의 목록을 만들어보아도 좋을 겁니다.

그렇게 탄생한 긍정적 확언을 매일 반복해 일상에 녹아들도록 해봅시다. 차 안에서, 일터에서, 거울을 들여다보면서, 언제든 부정적 신념이 고개를 들 때마다 긍정적 확언을 자주 하도록 합니다.

① 직업

부정적 신념 사람들이 영영 내 진가를 알아보지 못하면 어쩌지?

긍정적 확언 사내 구성원 모두가 나를 인정해.

② 주거 문제

부정적 신념 내 집 마련의 꿈은 절대 이루어지지 않을 거야.

긍정적 확언 내게 꼭 맞는 집이 있어. 이제 나는 그걸 받아들여.

③ 가족 관계

부정적 신념 부모님은 나를 있는 그대로 인정하지 않아.

긍정적 확언 내가 부모님을 인정하는 것처럼 부모님도 나를 인정해.

부모님은 나를 사랑해.

④ 금전 문제

부정적 신념 가난해질까 봐 걱정돼.

긍정적 확언 필요한 만큼의 돈은 꼭 충당될 거야.

⑤ 외모

부정적 신념 나는 뚱뚱하고 못생긴 것 같아.

긍정적 확언 난 이제 내 몸을 비난하지 않아. 나는 있는 그대로의 내 모습을 사랑해.

⑥ 성생활

부정적 신념 내가 '제대로' 하지 못하면 어쩌지?

긍정적 확언 난 아주 편한 상태야. 모든 게 편안하고 쉽게 흘러가고 있어.

⑦ 건강

부정적 신념 병이 들어 내 앞가림도 못하게 되면 어쩌지?

긍정적 확언 도움의 손길은 언제나 아주 가까이에 있어.

⑧ 관계

부정적 신념 나를 사랑해줄 사람은 없을 것 같아.

긍정적 확언 나는 사랑받고 인정받는 사람이야. 이런 나를 사랑해.

⑨ 노화

부정적 신념 늙어가는 게 두려워.

긍정적 확언 연령대별로 무한한 가능성이 펼쳐져 있어.

⑩ 죽음과 임종

부정적 신념 죽음 이후의 삶이 존재하지 않으면 어쩌지?

긍정적 확언 삶의 전 과정을 신뢰해. 나는 영원의 세계로 끝없는 여행을 계속할 거야.

⑪ 기타 일반적 문제

부정적 신념 난 항상 불안에 시달려.

긍정적 확언 난 아주 편안해.

부정적 신념 사람들이 두려워.

긍정적 확언 난 어디서든 사랑받는 사람이고 아주 안전해.

부정적 신념 감정 표현이 너무 어려워.

긍정적 확언 내 감정을 표현해도 괜찮아.

부정적 신념 난 패배자야.

긍정적 확언 이만하면 성공한 삶이야.

부정적 신념 혼자 남겨질까 봐 두려워.

긍정적 확언 나는 늘 사랑을 표현해. 그래서 어디서든 사랑을 불러들여.

진짜 문제는 두려움이 아니라 두려움을 대하는 우리의 자세입니다. 두려움 앞에서 우리는 주도적 자세를 취하거나 무력함을 보이게 되지요.

Day 6

비판보다는
사랑과 칭찬을

오늘은 우리 마음속에 자리한 '내적 비평가'에 대해 살펴 봅시다. 바로 우리의 생각과 행동을 끊임없이 비판하는 마음속 작은 목소리 말이지요. 마음속 목소리 때문에 쉼 없이 괴롭힘을 당하고 있나요? 그래서 당신도 세상을 비판적 시선으로 바라보게 되었나요? 무엇이든 평가부터 하고 보는 편인가요? 독선적인 성향이 강한 편인가요?

사실 우리 대다수는 평가하고 비판하려는 경향이 강해서 그런 기존의 습관을 깨기가 쉽지 않습니다. 하지만 이 부분은 당장 손보아야 할 최우선 과제이기도 합니다. 삶에 대한 비뚤어진 시선을 거두어들이지 않는다면 진정으로 자신을 사랑할 수 없을 테니까요.

어린아이였을 때, 당신은 삶에 대해 아주 열린 사람이었습니다. 세상은 늘 놀라움의 연속이었지요. 무언가 당신을 겁주거나 누군가 당신에게 해를 가하지 않는다면, 당신은 삶을 그저 있는 그대로 받아들였어요. 그런데 성장하면서 당신은 다른 사람들의 의견을 귀담아듣고 그것을 자신의 것으로 소화하기 시작했습니다. 바로 비판하는 법을 터득한 거지요.

Exercise

❖ 비판적 사고에서 벗어나기

자, 그러면 비판적 사고에 대한 당신의 생각이 어떤지 잠시 살펴보겠습니다. 아래의 질문에 답한 다음 그 답을 써봅니다. 최대한 마음을 열어두고 꾸밈없이 답하면 됩니다.

◆ 가정 내 분위기는 어땠나요?

◆ 비판에 대해 어머니로부터 어떤 내용을 배웠나요?

◆ 어머니의 주된 비판 대상은 무엇이었나요?

◆ 어머니께서 당신을 비판하신 적이 있나요? 그렇다면 무엇 때문이었나요?

◆ 아버지께서는 언제 비판적 태도를 보이셨나요?

◆ 아버지께서 자신을 평가하시던가요?

◆ 아버지께서는 당신을 어떤 식으로 평가하셨나요?

◆ 가족 내에서 서로 비판하는 분위기가 있었나요? 그렇다면 가족 구성원들이 서로를 비판한 방식과 시기는 어떻게 되나요?

◆ 맨 처음 비판의 대상이 되었던 때는 언제인가요?

◆ 당신의 가족은 당신과 친한 사람들을 어떻게 평가했나요?

이제 다음의 질문에 답해보고 그 답을 직접 써봅시다.

◆ 학창 시절 담임선생님은 사랑으로 격려하는 편이었나요, 아니면 늘 부족한 점을 지적하던 분이셨나요? 담임선생님께서는 어떤 말씀을 해주셨나요?

◆ 비판적 태도를 어디에서 배웠는지 기억을 떠올릴 수 있나요? 어린 시절 주변에서 가장 비판적이었던 사람은 누구였나요?

이제 스스로 써 내려간 답을 다시 읽으면서 되짚어봅시다. 개인적으로 비판은 우리의 정신을 위축시킨다고 생각합니다. 스스로 '충분히 훌륭하지 않다'는 신념을 더 단단히 굳힐 뿐이라는 거지요. 비판을 통해서는 최선의 기량을 절대 끌어내지 못합니다.

❖❖ 마음속 어린아이에게 손 내밀기

아이가 자라고 성장하려면 사랑과 인정, 칭찬이 꼭 필요
합니다. 이제 우리는 '잘못'을 지적하기보다 '더 나은' 대
안을 제시할 수 있습니다. 당신의 마음속 어린아이는 여
전히 사랑과 칭찬을 바라고 있으니까요.

마음속 어린아이에게 다음과 같이 긍정적인 말을 건네보
세요.

- ◆ 너를 사랑해. 그리고 네가 최선을 다하고 있다는 것도 알
   고 있어.
- ◆ 너는 있는 그대로 완벽한 존재야.
- ◆ 넌 매일 더 멋진 사람으로 거듭나고 있어.
- ◆ 너를 정말 칭찬해.
- ◆ 더 나은 해결책을 찾아보자.
- ◆ 성장과 변화는 재미난 일이야. 우리 같이 해낼 수 있어.

아이들은 바로 이런 말들을 듣고 싶어 합니다. 기분 좋아
지는 말들이기 때문이지요. 아이들은 기분이 좋을 때 최
선을 다하게 됩니다. 그리고 아름답게 피어나지요.

만일 마음속 어린아이가 줄곧 '잘못'을 지적받아온 데 익

숙하다면, 새롭고 긍정적인 말에 적응하기까지 어느 정도 시간이 필요할 겁니다. 때마침 당신이 비판하는 습관을 떨쳐내기로 결심을 굳히고 일관된 태도를 보인다면 기적을 경험할 수 있겠지요.

한 달쯤 시간을 들여 마음속 어린아이와 긍정적으로 이야기를 나눠보세요. 앞에 소개된 확언의 목록을 이용해도 되고, 아니면 당신만의 목록을 만들어봐도 됩니다. 그리고 이렇게 만든 확언의 목록을 지니고 다니세요. 무언가 평가하려 드는 자신을 발견하게 되면 목록을 꺼내 들고 두세 번 읽어봅시다. 거울 앞으로 가서 소리 내어 말한다면 더 좋겠지요.

❖❖❖ 내 안의 비판적 자아

비판을 받으면 내면의 정신이 무너질 수 있고 그로 인해 건설적 변화를 꾀할 수도 없게 될 수도 있지만, 한마디의 칭찬은 정신을 고양하는 동시에 긍정적 변화를 불러일으킵니다. 사랑과 성생활의 영역에서 자신을 비판하는 방식 두 가지를 적어봅시다. 당신은 자신의 기분이나 필요한 사항을 사람들에게 말하는 것이 익숙하지 않을 수도 있어요. 또 관계 자체가 두렵거나 당신의 마음을 아프게 하는 상대들과 자꾸 엮일지도 모릅니다. 만일 그렇다면 해당 영역에서 자신을 칭찬할 만한 점이 있는지 떠올려봅니다.

예를 들어:
— **나를 비판해:** 내가 필요로 하지 않은 사람들과도 계속 만나왔기 때문에. 그리고 관계에 집착하는 모습을 보였기 때문에.
— **나를 칭찬해:** 그 사람을 좋아한다고 직접 말했기 때문에(겁이 났지만 그래도 한번 해봤지). 그리고 난 열린 마음으로 사랑과 애정을 쏟을 수 있는 사람이기 때문에.

이 외 다른 영역에서도 자신을 비판하는 이유와 칭찬하는 방식을 떠올려봅시다.

축하해요! 또 다른 기존의 묵은 습관에서 벗어나기 시작했군요. 지금 이 순간, 당신은 자신을 칭찬하는 법에 대해 배우고 있는 거예요.

❖❖❖❖ **거울 보고 말하기**

앞에서도 언급했지만, 거울 보고 말하기는 간단하면서도

아주 강력한 효과를 내는 활동입니다. 확언을 말로 할 때 거울 속의 나를 보고 있기만 하면 되지요. 거울은 당신의 진짜 감정을 그대로 비춰줍니다. 어린 시절, 당신은 어른들에게서 대개 부정적 메시지를 들었습니다. 그들 중 여럿은 당신을 똑바로 쳐다보곤 안 된다는 듯 손가락을 흔들어 보였겠지요.

아마 우리 대부분은 거울을 볼 때 부정적인 말을 내뱉을 겁니다. 자신의 외모를 비하하거나 어떤 이유에서건 스스로 나무라기 일쑤지요.

자신의 눈을 똑바로 바라보며 긍정적인 다짐을 해본다면, 바로 이것이 긍정적 결과를 가장 빨리 얻어낼 수 있는 확언입니다. 그러면 지금 바로 당신이 화가 나 있는 상대 한 명을 떠올려봅시다. 이제 거울 앞에 앉아요. 바로 옆에 휴지도 좀 가져다 두고 말이지요. 거울 속 당신을 똑바로 보면서 다른 사람의 모습도 떠올립니다. 그리고 당신이 왜 그렇게 화가 나는지 그 사람에게 말해주세요.

전부 이야기했다면 그 사람에게 이렇게 말해요. "내가 정말 원하는 건 바로 네 사랑과 칭찬이야." 우리는 모두 하나같이 사랑과 칭찬을 갈구합니다. 그것이 우리가 모두에게 바라는 바고, 또 다른 사람들 역시 우리로부터 얻고자

하는 바입니다. 사랑과 칭찬이야말로 우리 삶을 조화롭게
하니까요.

자유로워지려면 우선 나를 묶고 놓아주지 않는 낡은 족쇄
에서 벗어나야겠지요. 다시 한번 거울 앞으로 가서 자신
에게 다음과 같이 확언해봅시다. "이제는 화난 사람으로
살아가지 않아." 그러고 나서 화난 상태에서 정말 벗어나
고 싶은지, 아니면 여전히 과거에 얽매여 있는지 주의 깊
게 살펴봅니다.

비판적 사고와 멀어지기 위한 확언

다음 확언이 일상에 녹아들도록 해보세요. 차 안에서, 일터에
서, 거울을 들여다보면서, 언제라도 부정적 신념이 고개를 들
때마다 긍정적 확언을 자주 해보세요.

- ◆ 나를 포함해 모든 사람이 최선을 다하고 있어.
- ◆ 이제 다른 사람들을 비판하지 않아.
- ◆ 세상 모든 것을 긍정적으로 생각해. 이제 내 삶에 부정적
  기운은 없어.

- ◆ 나는 매일 더 유능해져.

- ◆ 온 마음을 다해 자유로워지고 있어.

- ◆ 건강하게 화를 표현할 줄 아는 나는 정말 건강해.

- ◆ 나는 적절한 장소에서 올바른 방식으로 화낼 줄 알아.

- ◆ 내 감정을 잘 알아차리고 있어.

- ◆ 나의 모든 감정을 받아들이고 있어.

- ◆ 나는 마음속 어린아이를 잘 달래고 있어. 우리는 둘 다 안전해.

- ◆ 어떤 감정이 들어도 괜찮아.

- ◆ 정직할수록 더 사랑받게 돼.

- ◆ 내 의견은 소중해.

- ◆ 사람들이 틀린 것이 아니라 각자 다르다는 사실을 존중해. 결국 우리는 전부 연결된 하나야.

- ◆ 이제 나의 비판적 성향은 모두 떠나고 있어.

비판은 우리의 정신을 위축시킵니다. 스스로 '충분히 훌륭하지 않다'는 신념을 더 단단히 굳힐 뿐이지요. 비판을 통해서는 최선의 기량을 절대 끌어내지 못합니다.

Day 7

과거에서 벗어나
현재를 살아가는 법

오늘은 과거에서 벗어나 앞으로 나아갈 수 있도록 도와
주는 확언을 살펴보겠습니다. 지난날은 이미 과거의 일로
끝나버렸기 때문에 바꿀 도리가 없어요. 지금 여기야말로
우리가 체험하고 느낄 수 있는 유일한 순간입니다. 과거
에 대한 후회에 빠질 때조차 우리는 이 순간에 떠오르는
기억을 체험하는 셈입니다. 하지만 이 경우엔 과거의 기
억을 되짚느라 정작 현재 일어나는 일들은 제대로 살피지
못하겠지요.

저를 찾는 이들 중에는 과거에 벌어진 어떤 일 때문에 현
재를 오롯이 즐기기 어렵다고 말하는 사람이 많습니다.
그들은 과거 어떠한 일을 하지 않았거나 그 일을 특정 방
식에 따라 진행하지 못했다는 이유로 오늘날 충만한 삶을
살지 못합니다. 또 과거에 지녔던 무언가를 더는 가지고

있지 않기 때문에 오늘을 즐길 수 없다는 사람들도 있습니다. 그런가 하면 과거에 입은 상처로 인해 지금 다가오는 사랑을 받아들이지 못하는 사람들도 있지요. 이와 같은 부정적 내용의 확언은 우리를 무기력하게 만들어 지금이 순간의 삶을 제대로 누릴 수 없게 만듭니다.

부정적 확언의 구체적인 예문들을 들어보겠습니다. 혹시 당신도 이런 생각에 빠진 적이 있나요?

◆ 고등학교 졸업 파티에 초대받지 못했기 때문에 지금도 인생을 제대로 즐기지 못하고 있어.

◆ 첫 번째 오디션에서 기량을 제대로 발휘하지 못했기 때문에 이제 오디션이라면 죄다 두려워.

◆ 결혼 생활이 끝났기 때문에 더는 충만하게 살지 못할 거야.

◆ 댓글에 한 번 상처를 받았기 때문에 이제부터는 인터넷에 글을 쓰지 못할 것 같아.

◆ 물건을 한 번 훔쳤기 때문에 난 영원히 벌받을 거야.

◆ 어린 시절 가난했기 때문에 앞으로도 성공하지 못할 거야.

우리가 종종 깨닫는 것조차 거부하는 사실 중 하나는, 바로 과거에 대한 집착이 상처를 남길 뿐이라는 겁니다. 과거 기억이 무엇이든 또 얼마나 끔찍했든 상관없이 말입니다. 하지만 우리가 붙잡고 있는 '과거에 대한 기억'은 우리 삶에 전혀 관심이 없습니다. 대개 '과거에 대한 기억'이 우리를 의식하는 일은 없지요. 그저 스스로 지금 이 순간을 제대로 살지 않으며 자신에게 상처를 입힐 뿐입니다.

이제 마음속에 자리한 과거의 잔상을 지워버립시다. 과거에 대한 감정의 연결 고리를 끊어내는 거예요. 기억은 그저 기억으로 남겨둡시다.

초등학교 3학년 때 자주 입었던 옷을 떠올려보세요. 대개는 그러한 기억과 관련해서 특별한 감정의 연결 고리는 존재하지 않을 겁니다. 그건 그저 기억에 불과하기 때문이지요.

과거에 벌어진 다른 모든 일도 마찬가지예요. 과거의 기억을 놓아주면 지금 이 순간을 즐기고, 나아가 남은 정신적 기운을 멋진 미래를 만드는 데 전부 사용할 수 있게 됩니다.

더는 과거에 사로잡혀 자신을 벌하지 마세요. 이제 놓아주고 싶은 것을 모두 적어봅시다.

◆ 얼마나 과거에서 벗어나고 싶은가요? 스스로 어떻게 반응하는지 살펴보고 자신의 반응을 써봅시다.

◆ 과거의 기억들을 놓아주려면 어떻게 해야 할까요? 얼마나
그렇게 하고 싶은가요?

◆ 직접 써 내려간 각 항목별로 거기에서 벗어나는 데 도움이
될 만한 긍정적 확언을 작성해봅시다.

Exercise

❖ 놓아주기

이 연습은 다섯째 날에도 살펴본 바 있습니다. 과거의 기
억에서 벗어나기에 대한 내용을 다루는 이번 장에서도 이
연습은 유용하게 활용되지요.

이 연습을 할 때는 심호흡을 크게 한 번 하고 내쉬는 숨에
몸속 긴장을 모두 내보내도록 합니다. 머리와 이마, 얼굴
의 긴장도 풀어요. 머리를 긴장시킬 필요는 없답니다. 혀
와 목, 어깨의 긴장도 풀어봅시다. 긴장이 풀어진 팔과 손
으로 책을 잡아도 좋아요. 지금 그렇게 해보세요. 그리고
허리와 복부, 골반도 편안히 합니다. 숨을 편안히 쉬면서
다리와 발을 중력에 온전히 맡기세요.

앞의 단락을 읽고 따라 하는 동안 몸에 뚜렷한 변화가 느

껴졌나요? 자신이 과거에 얼마나 얽매여 있는지 살펴보세요. 몸이 실행하는 대로 마음도 따라가기 마련입니다.

이렇게 편안하고 느긋한 상태에서 자신에게 말해봅시다. "난 이제 모든 걸 놓아줄 수 있어. 잘 가렴. 긴장도, 두려움도, 노여움도, 죄책감도, 슬픔도 모두 놓아줄게. 내 발목을 잡고 있던 기존의 모든 제약들아, 잘 가렴. 모든 걸 놓아준 지금 내 마음은 평화로워. 내 모습도 편안하게 바라볼 수 있어. 난 평화로운 마음으로 삶을 살아가지. 나는 아주 안전해."

이 페이지를 두세 번 더 훑어봅시다. 놓아주기가 얼마나 수월한지 한번 느껴보세요. 그리고 힘든 생각이 찾아들 때마다 방금 연습한 말을 되뇌어보세요. 조금만 연습을 하다 보면 이 문구가 본래 나의 일부였던 것처럼 익숙해질 겁니다. 일단 이렇게 편안한 상태로 접어들고 나면 당신의 확언도 쉽게 힘을 발휘할 수 있게 됩니다. 이제 당신은 확언을 잘 받아들일 수 있을 만큼 마음이 열리고 수용할 수 있는 상태가 된 거예요. 힘겹게 고군분투하거나 스트레스를 받거나 무리해서 애쓸 필요가 전혀 없습니다. 그저 긴장을 풀고 행복한 생각을 떠올리면 됩니다. 그럼요, 이렇게 쉽다니까요.

❖❖ 몸으로 놓아주기

때때로 우리는 몸으로 놓아주기가 필요합니다. 과거의 경험과 감정이 몸 안에 갇혀 있을 수 있기 때문이지요. 만일 언어적 표현을 억눌러온 경우라면 차창을 모두 닫고 차 안에서 크게 소리 질러보는 것이 큰 도움이 됩니다. 침대를 세게 두드리거나 베개를 걷어차는 행위 역시 누구에게도 해를 주지 않으면서 그간 쌓인 화나 불만을 내보낼 수 있는 방법이지요. 몸으로 표현하는 방식이 당혹스럽거나 껄끄럽게 여겨진다면 이렇게 한번 말해보세요. "나는 이제 내 감정을 알아차리고 과거의 경험에서 벗어날 수 있어." 이렇게 해보는 것조차 내키지 않는다면, 테니스나 조깅과 같은 스포츠에 도전해보는 건 어떨까요?

얼마 전 하루이틀 동안 어깨 통증에 시달린 적이 있습니다. 신경 쓰지 않으려 했지만, 통증은 가시지 않았지요. 마침내 나는 자리에 앉아 스스로에게 이렇게 물어봤습니다. '지금 무슨 일이 일어나고 있지? 지금 느낌이 어때?'

불현듯 깨달았습니다. '뜨거워. 불에 타는 듯이 말이야. 이건 화나 있다는 표시 같아. 뭐 때문에 화가 난 거지?'

당장은 화난 이유가 떠오르지 않았어요. 그래서 일단 이렇게 말해봤습니다. '자, 그럼 이유를 알아낼 수 있을지 한 번 보자.' 그러고는 커다란 베개 두 개를 침대 위에 두고 엄청난 힘을 실어 내리치기 시작했어요.

대략 열두 번 정도 베개를 치고 나자 내가 화난 이유를 정확히 알 수 있었습니다. 이유는 너무도 명백했어요. 그래서 이번에는 아까보다 더 세게 베개를 내리치고 소리도 좀 내서 몸 안에 웅크린 감정이 밖으로 나올 수 있도록 했어요. 이 과정을 거치고 나니 전보다 기분이 훨씬 나아진 건 물론이고, 곧장 다음 날부터 어깨도 멀쩡해졌답니다.

Affirmations

과거에서 벗어나기 위한 확언

다음 확언이 일상에 녹아들도록 해보세요. 차 안에서, 일터에서, 거울을 들여다보면서, 언제라도 부정적 신념이 고개를 들 때마다 긍정적 확언을 자주 해보세요.

- ◆ 과거는 이미 지난 일이어서 바꿀 수 없어. 바로 지금이 내가 살아갈 수 있는 유일한 순간이야.
- ◆ 이제 내 마음과 인생에서 부정적이고 해롭고 두려운 느낌

과 생각은 모두 사라졌어.

◆ 감정을 드러냄으로써 치유받을 수 있어. 설령 상처를 좀 입게 되더라도 나는 괜찮아.

◆ 나 자신을 포함해 누구도 비난하지 않아.

◆ 난 열린 마음을 가졌어. 거부하는 마음은 다 놓아주었어.

◆ 난 이제 긍정적인 방식으로 화를 표출해. 나 자신을 사랑하고 이런 나에게 감사해.

◆ 기존에 스스로를 옭아매던 제약을 뛰어넘어 이제 자유롭게 창의적으로 나를 표현할 수 있어.

◆ 내가 하찮다는 기분은 떨쳐냈어. 난 본래 정해진 대로 모든 걸 이루어가고 있으니까.

◆ 부모님이 정해둔 제약을 넘어서도 괜찮아. 난 얼마든지 나로 살아갈 수 있어.

◆ 이젠 고군분투하지 않아도 돼. 난 아주 편안해.

◆ 케케묵고 부정적인 생각에서 비롯된 제약은 전부 털어버렸어. 기쁜 마음으로 앞날을 기대해.

◆ 과거에 엮인 부정적인 생각이 마음속에 떠오를 때마다 "얼른 나가렴!" 하고 말하지.

◆ 과거에 느꼈던 경쟁심이나 비교하는 마음은 전부 놓아주었어.

과거의 기억을 놓아주면 지금 이 순간을 즐기고, 나아가 남은 정신적 기운을 멋진 미래를 만드는 데 전부 사용할 수 있게 됩니다.

Day 8

나를 위한 용서

오늘의 주제인 '용서'는 사실 너무도 많은 사람이 받아들이기 어려워합니다. 우리는 모두 용서라는 과업을 떠안고 있어요. 그리고 자신을 사랑하지 못하는 사람이라면 특히 더 쩔쩔맬 겁니다. 용서를 하면 자신을 사랑할 수 있게 됩니다. 우리 대부분은 오랜 세월 앙심을 품은 채 살아왔습니다. 그리고 상대가 우리에게 저지른 행위로 인해 독선적 감정을 품게 되었지요. 이런 상태를 독선적 분노의 감옥에 갇혔다고 합니다. 우리는 늘 옳고 그름을 가립니다. 행복한지 여부는 한 번도 살피지 않고 말이에요.

이쯤에서 당신이 이렇게 말하는 소리가 들리는 것 같아요. "하지만 그들이 내게 무슨 짓을 저질렀는지 모르잖아요. 절대 용서할 수 없어요." 용서하지 않겠다고 마음먹는 건 자신에게도 끔찍한 일입니다. 마음에 응어리를 안고 있으면 매일같이 독약을 한 스푼씩 삼키는 것처럼 해로워요. 분노가 차곡차곡 쌓여 해가 될 겁니다. 과거에 얽매여 있다면 절대 건강하고 자유로울 수 없습니다. 당신이 겪었던 사건은 지난 일이고 앞으로 더는 벌어지지 않아요. 그래요, 그들의 행동은 분명 옳지 않았어요. 하지만 어쨌거나 그건 끝난 일이에요. 아마 그들을 용서한다면, 당신은 그들의 행동을 용인한 것 같은 기분이 들겠지요.

우리 앞에 놓인 최대 과제 중 하나는, 바로 누구든 어떤 한 순간에도 할 수 있는 한 최선을 다하고 있다는 점을 이해하는 겁니다. 사람들은 각자의 이해력과 인지력 그리고 지식을 동원해야 최선의 노력을 기울일 수 있어요. 늘 그렇듯이 누군가를 함부로 대하는 사람은 어린 시절 자신이 그런 취급을 받았을 가능성이 큽니다. 폭력성이 심할수록 그만큼 내면의 고통이 커서 더욱 공격적으로 변할 수 있어요. 그렇다고 해서 그들의 행동이 용납할 만하거나 용서해도 괜찮다는 말은 아닙니다. 하지만 우리 자신의 성장을 위해서라도 그들의 고통 역시 돌봐주어야 합니다.

어쨌건 그 사건은 끝났습니다. 어쩌면 아주 오래전에 끝난 일일지도 모르지요. 그러니 이제 털어버리세요. 자신에게 자유로워질 기회를 주세요. 스스로 만든 감옥에서 나와 햇살이 눈부신 삶 속으로 한 발짝 내디뎌봅시다. 만일 그 사건이 여전히 진행되고 있다면 스스로에게 한번 질문을 던져보세요. 왜 자신을 그토록 가볍게 여기면서까지 그 일을 참아내고 있는지 말이에요. 도대체 그런 상황에 머물러 있는 이유가 뭔가요? '되갚아주기'를 하는 데 시간을 쏟지 마세요. 어차피 안 될 일이에요. 뿌린 대로 거두는 법이니까요. 그러니 과거는 놓아주고 지금 자신을 사랑하는 일에 힘쓰세요. 멋진 내일이 기다리고 있답니다.

사실 가장 용서하지 못할 것 같은 사람이 당신에게 가장 큰 가르침을 줄 수 있어요. 또 기억 속 과거의 상황에 굴하지 않을 만큼 자신을 사랑한다면 이해와 용서가 한결 수월할 겁니다. 그러면 당신은 자유로워질 수 있어요. 자유로워지는 것이 두려운가요? 과거의 분노와 응어리에 사로잡혀 있는 편이 더 편할 것 같은가요?

Exercise

❖ **가족 구성원들의 태도**

◆ 어머니는 너그러운 편이었나요?

◆ 아버지는 어땠나요?

◆ 당신의 가족은 상처를 입게 되면 그 괴로움을 마음에 담아

두는 편이었나요?

◆ 당신의 어머니는 당한 것을 어떤 식으로든 되갚아주는 편
   이었나요?

◆ 아버지는 어땠나요?

◆ 당신은 상대에게 되갚는 편인가요?

◆ 보복을 하고 나면 기분이 좋아지나요?

◆ 이런 기분이 드는 건 왜일까요?

한 가지 흥미로운 현상은, 당신이 용서하는 마음을 품으
면 다른 사람들도 종종 그에 반응한다는 겁니다. 굳이 해
당 사건에 관련된 당사자를 직접 찾아가서 용서하겠노라
고 말하지 않아도 됩니다. 가끔은 그렇게 해보고 싶을 때
도 있겠지만, 정말 그럴 필요는 없습니다. 용서의 주된 작
업은 이미 당신의 마음속에서 마무리되었으니까요.

사실 용서는 '그들'을 위한 것이 아닙니다. 우리 자신을
위해서지요. 용서를 베풀 대상이 이미 이 세상 사람이 아
닐 경우도 있답니다.

진심으로 누군가를 용서한 많은 이의 이야기를 들어보면,
용서하기로 한 날로부터 한두 달 후에 상대방이 전화나
편지로 용서를 구했다고 합니다. 특히 거울 앞에서 용서
하는 연습을 했을 때 이러한 경험을 더 많이 했다고 하니,

당신도 이 연습을 하면서 자신의 감정이 얼마나 진실한지 살펴보도록 하세요.

❖❖ 용서를 위한 거울 훈련

당신은 종종 거울 훈련이 불편하다거나 될 수 있으면 하고 싶지 않다고 여길지도 모르겠습니다. 사실 거울 앞에 앉음으로써 가장 혜택을 많이 받을 사람은 바로 당신인데 말이지요. 제 경우엔 침실 문 뒤쪽에 자리한 커다란 화장대 거울을 즐겨 사용한답니다. 대개는 갑 티슈 한 박스를 준비해서 거울 앞에 자리 잡곤 하지요.

이 연습을 해볼 시간을 따로 내거나 아니면 몇 번이고 반복할 수도 있을 거예요. 아마도 용서할 사람이 여럿 떠오를 겁니다.

우선 거울 앞으로 가서 앉아봅니다. 눈을 감고 몇 번에 걸쳐 깊이 숨을 쉬어보세요. 그리고 이제껏 당신을 아프게 한 여러 사람을 떠올려보는 거예요. 이제 그들이 당신의 마음에서 빠져나가도록 놔두세요. 눈을 뜨고 그들 중 한 명에게 이야기해봅시다.

이런 식으로 말하면 됩니다. "당신은 나를 아주 아프게 했어. 하지만 난 더는 과거에 얽매이지 않을 거야. 이제 당신을 용서해." 숨을 한 번 내쉰 다음 이렇게 말합니다. "당신을 용서해. 그러니까 이제 당신은 자유야." 한 번 더 숨을 쉬고선 이렇게 말해보세요. "당신이 자유로운 것처럼, 이젠 나도 자유로워."

이제 자기 기분이 어떤지 한번 살펴보세요. 거부감이 들거나 아니면 무언가 명확해진 느낌이 들 겁니다. 거부감이 든다면 숨을 내쉬고 이렇게 말해보세요. "거부하는 마음은 전부 내보내겠어."

오늘 몇 사람을 용서할 수 있어요. 아니면 단 한 사람만이라도 용서할 수도 있겠지요. 어느 쪽이든 크게 상관없습니다. 어떤 식으로 해보든 그건 당신에게 꼭 맞는 방식일 테니까요. 용서는 양파 껍질을 벗겨내는 일과 비슷합니다. 껍질이 너무 여러 겹이다 싶으면 하루 정도 양파를 눈앞에서 치워두세요. 껍질 벗기기는 언제든 다시 하면 되니까요. 자신이 이 연습을 시도해보고 싶어 하는지 여부를 알아보는 것이 우선입니다.

이 연습을 계속해보기로 했다면 오늘이 아닌 다른 날에라도 용서할 사람들의 목록을 아래와 같이 늘려보세요. 그리고 누가 해당되는지 꼭 기억해둡시다.

- ◆ 가족 구성원
- ◆ 선생님
- ◆ 동급생
- ◆ 친구
- ◆ 직장 동료
- ◆ 정부 기관 혹은 관계자
- ◆ 교회 신도 혹은 직원
- ◆ 의료 전문가
- ◆ 신
- ◆ 기타 단체의 관계자
- ◆ 자기 자신

무엇보다 자신을 용서해봅시다. 스스로에게 그토록 엄하게 구는 건 이제 그만두세요. 자신을 벌하지 않아도 좋아요. 당신은 가능한 한 최선을 다해왔잖아요.

이 연습을 계속하다 보면 어깨를 짓누르던 짐이 어느새 녹아 사라지는 걸 알아차리게 될 거예요. 그동안 짊어져왔던 낡은 짐들의 양에 새삼 놀라기도 할 겁니다. 마음을 청소하는 과정에서 늘 자신에게 친절하도록 주의를 기울이세요.

용서를 위한 확언

다음 확언이 일상에 녹아들도록 해보세요. 차 안에서, 일터에서, 거울을 들여다보면서, 언제라도 부정적 신념이 고개를 들 때마다 긍정적 확언을 자주 해보세요.

- ◆ 현재는 완전히 새로운 순간이야. 얼마든지 과거의 기억을 놓아줄 수 있어.
- ◆ 나는 내 삶을 책임져. 난 누구보다 자유로워.
- ◆ 나는 용서와 놓아주기를 터득하고 있어. 내 최종 목표는 내적 평화야.
- ◆ 사람들은 당시에 가지고 있는 지식과 이해, 인식을 동원해 나름대로 최선을 다한다는 걸 알고 있어.
- ◆ 이제 어른으로 성장한 나는 내 마음속 어린아이를 사랑으로 돌보고 있어.
- ◆ 다른 사람들을 용서해. 난 바라는 대로 삶을 꾸려나가지.
- ◆ 나의 영적 성장은 다른 사람들에 의해 좌우되지 않아.
- ◆ 용서하면 한결 자유롭고 홀가분해져.
- ◆ 나 자신을 마음의 감옥에서 해방되었어. 나는 그 어느 때보다 안전하고 자유로워.
- ◆ 용서와 놓아주기를 통해 엄청난 힘이 생기는 것 같아.

◆ 누가 옳고 누가 그르다는 건 없어. 난 평가하는 습관에서 벗어났어.

◆ 나 스스로 정한 제약을 극복하고 있어.

◆ 부모님은 자신들이 취급받았던 방식 그대로 나를 대하신 거야. 이제 난 그들을 용서해. 그리고 조부모님도.

◆ 이제 난 나 자신에게 제약을 두지 않아. 다음 단계로 기꺼이 넘어가고 있어.

◆ 과거의 상처에서 벗어나고 있어.

이제 털어버리세요. 자신에게 자유로워질 기회를 주세요. 스스로 만든 감옥에서 나와 햇살이 눈부신 삶 속으로 한 발짝 내디뎌봅시다.

Day 9

몸은 생각에 반응한다

'건강'은 너무도 중요한 주제이기 때문에, 이틀에 걸쳐 이야기해보겠습니다.

우리는 "그래, 알겠어"라고 답하는 우주 안에서 살고 있습니다. 어떠한 신념이나 생각을 선택하든 우주는 늘 우리에게 "알겠어"라고 말한답니다. 그러므로 나에게 건강할 권리가 있고 건강이란 아주 자연스러운 거라고 생각하고 믿어보는 건 어떨까요? 우주는 분명 이러한 생각과 신념을 지지하며 "알겠어"라고 답할 겁니다. 그러니 당신도 "알겠어"라고 말하는 사람이 되어보세요. 그리고 "알겠어"로 가득한 세상을 살아가며 "알겠어"라고 응답하는 우주 안에 존재한다는 사실을 기억해둡시다.

당신의 몸은 형편없는 취급을 당할 때조차 항상 최적의

건강 상태를 유지하려 한다는 걸 꼭 기억하세요. 제대로 돌보기만 한다면 당신의 몸은 활기찬 건강과 에너지로 보답할 겁니다.

우리는 모든 신체적 '질병'에 일조하고 있습니다. 삶의 다른 모든 것과 마찬가지로, 우리 몸도 내적인 생각과 신념을 비추는 거울이니까요. 우리 몸은 늘 우리에게 이야기를 건넨답니다. 잠시 시간을 내서 귀 기울여보면 알 수 있어요. 몸속의 모든 세포는 우리가 떠올리는 생각 하나하나에 반응하고 있습니다.

일단 질병의 배후에 자리한 정신적 양상을 파악하고 나면, 그 양상을 바꿀 기회를 마주하게 되고 자연히 질병 자체에도 변화를 줄 수 있습니다. 물론 대다수 사람이 자각할 정도로 아픈 것은 원하지 않겠지만, 우리가 겪는 모든 질병은 일종의 스승과 같습니다. 의식 안에 그릇된 생각이 자리하고 있음을 몸이 우리에게 알려주는 방식이 질병입니다. 그러니까 우리가 믿고 말하고 행동하고 생각하는 것 중 무언가 우리의 최선에 부합하지 않았다는 말이지요. 나는 늘 몸이 우리의 옷자락을 잡아당기며 이렇게 말하는 장면을 그려보곤 합니다. "제발, 여기 좀 보라고!"

가끔 사람들은 아프고 싶어 하기도 합니다. 우리 사회는 책임이나 불쾌한 상황을 회피하기 위해 질병을 정당화해 왔으니까요. 대놓고 '아니요'라고 말할 수 없을 때 우리는 거절을 대신할 방편으로 질병을 만들어내곤 합니다.

몇 년 전 흥미로운 보도를 접한 적이 있습니다. 보도에 따르면, 환자들 중 단 30퍼센트만이 담당 의사의 지시를 따른다고 해요. 매력적인 책 《병에 감사해요Love Your Disease》의 저자인 존 해리슨 박사는 말합니다. 수많은 사람이 심한 증상만 잠재우기 위해 병원을 찾고서는 병세를 그저 참고 견딘다고 말입니다. 이건 마치 의사와 환자 간에 존재하는 불문의 잠재적 합의와 같은 거예요. 일단 환자가 자신의 심각한 상태를 개선하고자 병원을 찾는 등 나름의 조치를 취했다면, 의사는 굳이 해당 환자를 더 치료하려고 애쓰지 않는다는 거지요.

또한 이 합의 과정에서 대개 한쪽이 금전적 대가를 지불하고, 다른 한쪽은 실권자의 역할을 맡게 되지요. 그러다 보니 양쪽 모두가 만족하는 거래가 성사되는 셈입니다.

진실로 치유되려면 몸과 마음, 영혼까지 모두 포함되어야 합니다. 만일 질병을 '치료'하는 데 그치고 그 병을 에워싸고 있는 감정적·정신적 문제를 돌보지 않는다면, 우리는 재차 병을 앓을 것이 분명해요.

❖ 건강 문제에서 해방되기

건강상 문제를 일으킨 마음속 요인을 내보내고 싶나요?
상태를 바꾸고 싶다면 우선 이렇게 말해보세요. "이런 건
강 상태를 초래한 마음속 욕구를 내보내겠어." 이 문장을
반복해 말합니다. 그리고 거울 앞에서도 말해보세요. 자
신의 건강 상태에 대한 생각이 떠오를 때마다 말이에요.
그리고 다음 질문에 답을 적어보세요.

- ◆ 어머니가 앓았던 병을 모두 적어보세요.
- ◆ 아버지가 앓았던 병을 모두 적어보세요.
- ◆ 당신이 앓았던 병을 모두 적어보세요.
- ◆ 어떤 연결 고리가 보이나요?

❖❖ 건강과 질병

이번에는 건강과 질병에 관한 신념에 대해 잠시 살펴볼까
요? 다음 질문에 답해보세요. 열린 마음으로 정직하게 답
을 해봅시다.

◆ 어린 시절 앓았던 질병과 관련해 기억하는 부분이 있나요?

◆ 질병에 대해 부모님께 어떤 내용을 배웠나요?

◆ 어린 시절 아팠을 때 어떤 점이 좋았나요?

◆ 어린 시절부터 지금까지 스스로에게 영향을 미치는 병에 관한 신념이 있나요?

◆ 어떻게 해서 지금의 건강 상태에 이르게 되었나요?

◆ 건강 상태에 변화가 있기를 바라나요? 그렇다면 어떤 방향으로 변하길 원하나요?

❖❖❖ 질병에 관한 당신의 신념

다음 문장에 대한 답을 진솔하게 써보세요.

◆ 당신은 어떻게 하다가 아프게 되었나요?

◆ 당신은 무엇을 회피하려고 해서 아팠나요?

◆ 아플 땐 늘 어떻게 하고 싶었나요?

◆ 어린 시절 아플 때면 어머니께서 항상 어떻게 하셨나요?

◆ 아플 때 제일 두려운 게 무엇인가요?

❖❖❖❖ 확언의 힘 강화하기

확언을 글로 쓰게 되면 그 힘이 강해집니다. 건강에 관한 긍정적 확언을 스물다섯 번 써보세요. 이때 확언을 직접 생각해내도 되고, 다음 확언 중 하나를 골라도 됩니다.

- ◆ 난 이미 치유되고 있어.
- ◆ 난 건강할 자격이 충분해.
- ◆ 난 애정 어린 마음으로 몸이 보내는 메시지에 귀를 기울여.
- ◆ 난 빛나고 생기 넘치고 활력으로 가득 찰 만큼 건강해.
- ◆ 완벽한 내 건강 상태에 감사해.

❖❖❖❖❖ 건강함을 누릴 자격

이제부터는 건강에 대한 자존감을 살펴볼 차례예요. 다음 질문에 답해봅시다. 당신의 답이 부정적이었다면, 각 질문에 상응하는 긍정적 확언을 떠올려보세요.

① **스스로 건강할 자격이 충분하다고 생각하나요?**

부정적 신념 아니, 그 병은 우리 가족 내 유전이야.

긍정적 확언 이제 난 완벽히 건강한 상태를 받아들이고 충분히 그럴 자격이 있어.

② **건강에 관해 가장 두려워하는 건 무엇인가요?**

부정적 신념 병에 걸려 결국 죽게 될까 봐 두려워.

긍정적 확언 난 지금 건강하니까 아무 문제없어. 그리고 난 늘 사랑받는

사람이야.

③ **이렇게 신념으로써 '얻는 것'은 무엇인가요?**

부정적 신념 반드시 책임을 져야 하거나 꼭 출근해야 한다는 법은 없어.

긍정적 확언 난 확신에 차 있고 흔들리지 않아. 내 인생은 수월하게

흘러가지.

④ **이런 신념을 버린다면 어떤 두려움을 느끼게 될까요?**

부정적 신념 어른이 되려면 아직 멀었어.

긍정적 확언 난 이제 어른이니까 괜찮아.

Affirmations

건강을 위한 확언 1

다음 확언이 일상에 녹아들도록 해보세요. 차 안에서, 일터에
서, 거울을 들여다보면서, 언제라도 부정적 신념이 고개를 들
때마다 긍정적 확언을 자주 해보세요.

- 내 몸은 빠르게 회복되고 있어.

- 지금 내 몸은 내 인생에 꼭 맞춰 이상적으로 설계되어 있어.

- 내 몸속 세포 하나하나를 사랑해.

- 난 에너지와 열정으로 가득해.

- 건강한 완전체인 나는 늘 기쁨으로 넘쳐.

- 이제 건강은 바로 내 거야. 과거 기억은 전부 놓아주었어.

- 이제 내 마음을 들여다보고, 이미 치유 방법을 알고 있는 나 자신을 찾았어.

- 나는 내 식습관을 통제할 유일한 사람이야. 무엇이든 마음만 먹으면 거절할 수 있어.

- 즐거운 생각으로 마음을 가득 채우는 건 건강에 도달하는 가장 빠른 지름길이야.

- 내 안에는 생명력과 활기가 흘러넘쳐.

- 건강한 내 몸에 감사해. 또 이런 내 삶을 사랑해.

- 휴식은 내 몸이 스스로를 재정비하고 활기를 되찾는 시간이야. 휴식을 통해 긴장을 풀수록 나는 더 건강해져.

- 나는 햇볕이 내리쬐는 날 힘차게 걸으며 몸과 영혼의 기운을 끌어올리지.

- 나는 내 몸에게 다정해. 그리고 이런 나를 사랑해.

- 이제 나는 건강해.

우리 몸은 늘 우리에게 이야기를 건넵니다. 잠시 시간을 내서 귀 기울여보면 알 수 있어요. 몸속의 모든 세포는 우리가 떠올리는 생각 하나하나에 반응하고 있습니다.

Day 10

몸의 소리에
귀를 기울이면

어제는 질병에 대한 신념이 건강에 어떤 식으로 영향을 미치는지 살펴보았습니다. 오늘은 생각의 힘을 통해 건강에 긍정적 영향을 줄 수 있는 방법을 알아볼게요.

신체가 건강해지고자 할 때 반드시 피해야 할 사항이 있습니다. 우선 어떤 이유에서든 자신의 몸에 화를 내서는 안 됩니다. 분노 역시 또 다른 형태의 확언이므로, 당신이 화를 내면 당신의 신체 혹은 그 일부를 몹시 싫어한다고 몸에게 말하는 것과 같답니다. 몸속 모든 세포는 당신이 품는 생각 하나하나에 대해 아주 잘 알고 있습니다. 당신의 몸이 일꾼이라고 한번 생각해보세요. 당신이 어떻게 취급하든 간에, 이 일꾼은 당신이 완벽한 건강 상태를 유지하도록 최선을 다해 열심히 일하고 있습니다.

몸은 스스로 치유하는 법을 알고 있습니다. 건강한 음식과 음료를 섭취하고, 적절한 운동을 하며, 충분한 수면을 취하고, 행복한 생각을 품는다면 우리 몸은 한결 수월하게 맡은 바 임무를 다할 수 있겠지요. 이때는 세포들 역시 행복하고 건강한 기운이 넘치는 상태로 제 역할을 하게 됩니다. 반면 앉아 있기만 좋아하고 온갖 불량식품과 탄산음료를 달고 사는 데다 늘 투덜대고 짜증만 낸다면 몸속 세포들은 더없는 악조건 속에서 일하는 셈이 됩니다. 불쾌한 환경에 둘러싸여 있는 거지요. 이 경우에 해당한다면 당신의 몸이 기대만큼 건강하지 못한 게 어쩌면 당연한 일입니다.

질병에 대한 불만을 말하거나 생각하는 것으로 건강이 좋아지는 일은 절대 없을 겁니다. 건강은 사랑과 감사를 통해 이루어지니까요. 당신 몸에 가능한 한 많은 사랑을 쏟아부으세요. 사랑을 가득 담아 이야기를 건네고 어루만져주세요. 아프거나 병든 부위가 있다면 앓고 있는 어린아이를 보살피듯 잘 돌봐줘야 합니다. 얼마나 사랑하는지 그리고 신속한 회복을 위해 당신이 모든 조치를 취하고 있음을 알려주세요.

몸이 아플 때, 당신의 몸은 병원에 가서 증상에 맞는 약을 처방받는 것 이상을 원합니다. 당신의 몸이 당신에게 적

합한 조치를 취하지 않는다고 말하는 겁니다. 건강에 대해 좀 더 배워야 합니다. 앎이 넓어지면 몸을 돌보는 일도 더 쉬워지지요. 환자가 되고 싶진 않을 겁니다. 만일 그렇다면 당신은 자신의 힘을 스스로 낭비하고 있는 셈입니다. 그러니 당장 건강 관리와 관련된 책을 한 권 골라보세요. 아니면 영양 전문가를 찾아가 당신에게 맞는 식단 프로그램을 짜보세요. 어느 쪽을 택하든 이런 과정을 통해 당신의 마음은 건강하고 행복한 상태로 바뀔 겁니다. 이제 당신만의 건강 계획에 적극적으로 참여해보세요.

신체적 질병은 전부 우리가 만들어내는 겁니다. 그리고 삶의 다른 모든 요소와 마찬가지로 우리의 몸은 마음속 생각과 신념을 비추는 거울과 같지요. 우리 몸은 항상 우리에게 이야기하고 있답니다. 그러니까 우리는 그저 몸이 내는 소리에 귀 기울일 시간만 내면 되는 거지요. 더욱이 몸속 모든 세포는 우리가 품는 생각 하나하나와 말로 내뱉는 모든 단어에 응답합니다.

어떠한 생각이나 말을 지속적으로 하게 되면 신체적 행동이나 자세 그리고 '편안함' 혹은 질환이 유발됩니다. 늘 찡그린 얼굴을 한 사람이라면, 즐겁고 애정 어린 생각을 하며 살아왔다고 볼 수 없겠지요. 노인의 얼굴과 신체는 평생에 걸친 사고 양상을 너무도 명백히 보여줍니다. 과연 노년에 어떤 외모를 지니게 될까요?

인생은 목표 없이 이어지는 하루하루의 연속이 아니라 자각에 도달하는 길고도 긴 여정입니다. 이렇게 하루하루 살다 보면 절대 그저 늙어가는 일은 없을 겁니다. 끊임없이 성장을 거듭할 뿐이지요. 49세는 또 다른 삶의 유아기에 지나지 않는다고 한번 생각해보세요. 오늘날 암이나 심장병에 걸리지 않고 50세에 이른 여성이라면, 추후 92세 생일도 맞을 수 있을 거예요. 우리는 각자 자신의 수명 주기를 만들어낼 수 있는 유일한 사람입니다. 지금 바로 생각을 바꿔볼까요? 우리는 지금 매우 중요한 임무를 부여받고 여기 자리했습니다. 필요한 건 모두 손에 넣을 수 있답니다.

자신이 품을 생각을 선택할 수 있습니다. 한쪽은 질병을 불러일으키는 마음속 분위기를 조장하는 생각이고, 다른 한쪽은 건강한 분위기를 생성하는 생각입니다. 양쪽의 분위기는 모두 당신뿐 아니라 당신 주변까지 영향을 미칩니다. 저의 책 《힐 유어 바디Heal your body》는 질병을 유발하는 형이상학적 원인에 대한 종합 안내서입니다. 온갖 질병 극복에 필요한 확언을 전부 소개하는 책이지요.

건강을 위한 확언 2

다음 확언이 일상에 녹아들도록 해보세요. 차 안에서, 일터에서, 거울을 들여다보면서, 언제라도 부정적 신념이 고개를 들 때마다 긍정적 확언을 자주 해보세요.

- ◆ 나는 내 몸에 최고로 좋은 음식을 즐겨 먹어.
- ◆ 난 건강한 노년을 기대해. 난 이제 내 몸을 정성껏 돌보니까.
- ◆ 난 건강을 좋아지게 할 새 방식을 계속 찾아나가고 있어.
- ◆ 내 몸에 단계별로 필요한 걸 빠짐없이 제공해서 내 몸에게 최적의 건강을 선사하지.
- ◆ 난 고통에서 자유롭고 내 삶을 조화롭게 일궈가고 있어.
- ◆ 치유는 정말 가능해! 내 몸의 지성이 자연스럽게 치유 작업을 할 수 있게 환경을 조성하지.
- ◆ 일과 휴식, 여가에 알맞게 시간을 배분하고 이 모든 활동이 조화를 이루도록 생활하고 있어.
- ◆ 난 필요하다면 꼭 도움을 청해. 항상 내 필요에 꼭 맞는 건강 전문가를 선택하지.
- ◆ 난 깊게 끝까지 호흡해. 그리고 삶의 숨결을 마시며 성장해.
- ◆ 난 매일 충분히 자. 내 몸도 그렇게 대우받는 걸 감사히 여겨.
- ◆ 나는 애정 어린 마음으로 모든 일에 임해. 내 몸이 완벽한

건강 상태를 유지할 수 있도록 도와주기 위해서 그렇게 하
는 거야.

◆ 나는 시간을 내서 다른 사람들을 돕고 있어. 그렇게 하면
내 건강에도 좋아.

◆ 물은 내게 최고의 음료야. 난 물을 많이 마시면서 몸과 마
음을 깨끗이 하고 있어.

◆ 좋은 생각을 하면 건강한 몸을 만드는 데 도움이 돼.

질병에 대한 불만을 말하거나 생각하는 것으로 건강이 좋아지는 일은 절대 없을 겁니다. 건강은 사랑과 감사를 통해 이루어지니까요.

Day 11

사랑하라,
있는 그대로의 나를

몇 번이고 재차 깨닫게 되는 사실이지만, 어떤 문제든 주된 쟁점은 늘 '나 자신에 대한 사랑'으로 돌아옵니다. 바로 오늘 다뤄볼 주제이기도 하고요. 자신을 사랑하려 노력하는 것은 온갖 문제를 사라지게 할 '마법의 지팡이'를 손에 쥔 것과 같습니다. 자신이 자랑스러웠던 순간들을 떠올려 보세요. 그때 당신의 인생은 얼마나 잘 풀리고 있었나요? 사랑에 빠졌던 시절은 또 어땠나요? 당시에는 삶에 문제가 될 것이라곤 없어 보였나요? 자신을 사랑하게 되면 기분 좋은 느낌과 행운이 물밀듯 밀려와 당장이라도 춤추고 싶어질 겁니다. 나를 사랑한다는 건 기분 좋은 일입니다.

자기인정과 자기수용 없이는 진정으로 자신을 사랑할 수 없습니다. 누가 뭐라고 하든 이건 사실입니다. 지금 이 순간 수많은 반대 의견이 들리는 것 같군요.

'하지만 전 늘 스스로를 비난해온걸요.' '저의 그런 부분까지 어떻게 좋아할 수 있을까요?' '부모님과 선생님, 연인까지도 항상 절 비난했답니다.' '어떻게 하면 동기부여가 될까요?' '그렇게 하는 건 옳지 않은 것 같아요.' '자신에 대한 비판 없이 어떻게 변화할 수 있다는 말인가요?'

이런 자기비판의 말들은 그저 케케묵은 잡담과 함께 흘러가버리는 마음과 같습니다. 자신의 마음을 어떻게 훈련시켜왔는지 알 것 같나요? 스스로를 몰아세우고 변화를 거부하도록 길들여온 거지요. 이제 그런 생각들은 접어두고 당면한 중요 과제부터 해결해봅시다.

앞서 살펴보았던 연습으로 돌아가봅시다(Day 3 참조). 다시 한번 거울 앞으로 가서 이렇게 말해보세요. "나는 나를 인정해." 지금 어떤 기분이 드나요? 지금까지 훈련을 거치고 나니 인정의 확언이 좀 더 수월해졌나요? 이 부분은 여전히 주된 쟁점인 듯합니다. 하지만 자기인정과 자기수용은 긍정적 변화의 문을 여는 열쇠라고 감히 말하겠습니다.

자기수용에는 타인들의 의견에서 자유로워지는 것도 포함됩니다. 만일 제가 당신 곁에서 거듭 이렇게 말한다고 가정해봅시다. "넌 핑크빛 돼지야, 넌 핑크빛 돼지라고." 당신은 저를 비웃거나 귀찮아하며 제정신이 아니라고 여기겠지요. 아마 제 말이 사실이라고 믿을 일은 거의 없을 겁니다. 하지만 스스로에 대해 믿기로 한 내용 중에는 우리와 관계 없거나 사실이 아닌 경우가 많습니다. 그런데도 자존감이 외모에 좌우된다고 믿는다면, 당신은 나름의 방식으로 '넌 핑크빛 돼지야'라는 말을 믿는 셈입니다.

나 자신과 관련해 무언가 '다르다'고 여겨지는 순간이 있나요? 자신의 고유한 개성이 발현된 겁니다. 이것이 바로 각자의 독특성으로 한 사람 한 사람을 특별하게 하지요. 대자연은 결코 같은 일을 반복하지 않습니다. 지구가 탄생한 이래 두 눈송이의 모양이 같거나 두 개의 빗방울이 똑같았던 적은 없었습니다. 또 데이지 꽃 한 송이도 다른 데이지 꽃들과는 다른 구석이 있기 마련이지요. 마찬가지로 한 인간의 지문은 다른 사람들의 것과는 다릅니다. 이렇게 우리는 모두 달라요. 우리는 본래 다르게 태어났습니다. 이러한 사실을 받아들일 수 있다면 경쟁과 비교는 무의미합니다. 다른 사람처럼 되기 위해 애쓴다면 우리의 영혼은 한없이 위축될 거예요. 우리가 이 세상에 탄생한 건 전부 자신을 표현하기 위해서랍니다.

현재의 나를 있는 그대로 사랑하는 법에 대해 배우기 전까지, 저는 제가 누구인지조차 몰랐답니다.

❖ 나를 사랑해

종이를 꺼내 맨 위에다 이렇게 써보세요. "나는 나 자신을 사랑해. 그러므로…"

이 문장을 가능한 한 여러 방식으로 완성해보세요. 완성한 문장을 매일 읽고, 새로운 내용이 생각나면 덧붙여봅니다.

연습을 함께할 파트너가 있으면 그렇게 해도 됩니다. 손을 맞잡고 번갈아가며 이렇게 말해보세요. '나는 나 자신을 사랑해. 그러므로…' 이 연습을 통해 얻을 수 있는 최대 이득이라면, 바로 당신이 자신을 폄하하는 일은 거의 없을 거라는 거지요.

사랑을 필요로 하는 것과 사랑에 굶주린 건 아주 다른 문제입니다. 사랑에 굶주린 사람은 가장 중요한 사람, 그러니까 바로 자기 자신의 사랑과 인정에 목말라 있지요. 사실 개선이 필요한 가장 첫 번째 관계가 바로 자신과의 관계입니다. 스스로 행복한 상태라면 다른 사람들과 맺고 있는 여러 관계 역시 전부 더 나아질 겁니다. 행복한 사람은 다른 사람들의 눈에 매우 매력적으로 비치는 법이지요. 만일 당신이 더 많은 사랑을 갈구한다면 우선 자신을 더욱 사랑해야 할 겁니다. 이때 비판이나 불평, 불만, 비난, 외로움 등은 포함시키지 않아야 합니다. 그저 현재의 자신에 만족하며 당장 기분이 좋아지는 생각들을 품기로 마음먹기만 하면 되는 거지요.

하루 중 어느 때라도 불쾌한 일이 있었다면 그 즉시 거울 앞으로 가서 이렇게 말해보세요. "어떤 일이 있어도 난 널 사랑해." 살아가는 동안 많은 일이 찾아들고 물러가기를 반복하겠지만, 자기 자신을 향한 사랑은 변함없이 지속될 수 있습니다. 그건 당신이 인생에서 지니게 되는 자질 중 가장 으뜸일 겁니다. 아주 좋은 일이 있을 때는 거울 앞에 서서 이렇게 말하세요. "고마워." 이렇게나 좋은 일이 있게 만든 스스로를 인정해주는 겁니다.

매일 아침 하루를 시작할 때 그리고 밤이 되어 하루를 마무리할 때, 거울 앞에서 자신을 똑바로 바라보며 이렇게 말합시다. "널 사랑해. 널 정말 사랑해. 그리고 난 널 있는 그대로 인정해." 처음엔 어려울 수 있지만, 계속 연습하다 보면 머지않아 당신은 이 확언과 같이 진정으로 자신을 사랑하게 될 겁니다.

자기애가 커질수록 자존감도 따라서 자랄 겁니다. 그러면 스스로 필요하다고 여기는 변화를 이루는 일 역시 더 수월해집니다. 그러한 변화가 당신에게 꼭 들어맞는다는 사실을 잘 알고 있기 때문이지요. 사랑은 결코 외부에 존재하지 않습니다. 늘 당신 안에 자리해 있습니다. 자신을 사랑할수록 당신은 더욱 사랑스럽고 매력적인 사람이 될 겁니다.

자신을 사랑하는 연습을 끊임없이 해보길 권합니다. 스스로를 향한 사랑이 커지고 있다는 걸 보여주세요. 자신에게 로맨틱한 데이트와 사랑을 허락하세요. 당신이 얼마나 특별한지 스스로에게 보여주세요. 자신을 정성껏 돌보세요. 집 안을 장식할 꽃을 사보세요. 마음에 드는 색상과 질감, 향기를 주변에 배치해보세요. 삶은 언제나 우리가 마음속에 품은 감정을 되비추어준답니다.

외롭다는 생각을 떨쳐버리고 충만함을 느끼고 싶나요? 내면은 물론이고 주변까지 애정 어린 마음으로 살피세요. 진정으로 자기를 사랑할 때, 우리는 자주적이고 평온하며 안정된 모습을 보입니다. 또 가정이나 사회에서 훌륭한 관계를 맺고 유지할 수 있습니다. 그뿐만 아니라 여러 상황과 사람에 맞춰 다양하게 반응할 수 있게 될 겁니다. 한때 심각할 정도로 중요해 보이던 문제가 더는 중대해 보이지 않을 겁니다. 당신 인생에 새로운 인연들이 찾아들고 기존의 몇몇 인연이 떠나갈 수도 있겠지요. 이런 경험이 처음에는 다소 두렵겠지만, 결국엔 아주 멋지고 신선하며 신난다고 여겨질 거예요.

Affirmations

나를 사랑하기 위한 확언

다음 확언이 일상에 녹아들도록 해보세요. 차 안에서, 일터에서, 거울을 들여다보면서, 언제라도 부정적 신념이 고개를 들 때마다 긍정적 확언을 자주 해보세요.

◆ 난 나 자신에게 사랑받을 자격이 있어.

◆ 지금 여기에서 난 있는 그대로 사랑받고 인정받아.

◆ 내 의식은 건전하고 긍정적인 데다 사랑이 넘치는 생각들로 가득해. 이런 생각들은 곧바로 내 삶에 투영되지.

◆ 나 자신에게 줄 수 있는 가장 큰 선물은 바로 나에 대한 무조건적인 사랑이야.

◆ 난 나 자신을 사랑하기 위해 스스로 완벽해질 때까지 기다리지 않아.

◆ 한 치의 보탬도 없이 지금 이대로의 나 자신을 사랑해.

- ◆ 난 정말 멋진 사람이고 내 기분도 그래. 지금의 난 모든 선을 향해 열려 있고 좋은 건 전부 받아들이지!
- ◆ 사랑은 기적의 치료약이야. 나를 사랑하면 삶에 기적이 일어나.
- ◆ 나는 아름답고 사랑스럽고 인정받는 사람이야. 이런 내가 자랑스러워.
- ◆ 다른 사람들이 나를 사랑하기에 앞서, 내가 나 자신을 사랑해야 한다는 걸 잘 알고 있어. 나를 사랑하는 일은 이제부터 시작이야.
- ◆ 나는 내게 정중하고 친절하며 나 자신을 참고 기다려줄 줄 알아. 이처럼 상냥하게 나를 돌보려는 노력은 내 주변에 투영되지.
- ◆ 나는 내 삶에서 제일 중요한 사람이야.
- ◆ 난 보물을 찾기 위해 우선 내 안을 들여다봐.
- ◆ 이제 나만의 아름다움과 훌륭함을 볼 수 있어.
- ◆ 난 나 자신을 사랑해. 그리고 칭찬으로 가득한 생각을 내게 선사해.

우리는 본래 다르게 태어났습니다. 이러한 사실을 받아들일 수 있다면 경쟁과 비교는 무의미합니다. 우리가 이 세상에 탄생한 건 전부 자신을 표현하기 위해서랍니다.

Day 12

친밀한 우정 나누기

오늘은 '우정'에 대해 살펴보려고 해요. 우정은 지속적이고 중요한 관계들의 토대가 될 수 있지요. 우리는 연인이나 배우자 없이 살아갈 수 있습니다. 가족이 없더라도 생활하는 건 가능해요. 하지만 대부분 친구 없이 행복한 삶을 누리기란 힘들어요. 부모는 우리가 태어나기도 전에 정해집니다. 반면 친구의 경우 좀 더 의식적으로 선택하는 것이 가능합니다.

미국의 위대한 철학자이자 시인, 작가인 랠프 월도 에머슨Ralph Waldo Emerson은 〈신의 감로Nectar of God〉라는 제목으로 우정에 관한 에세이를 쓴 바 있습니다. 그는 여기서, 연인 관계에서는 늘 한쪽이 다른 쪽을 바꾸려 애쓰지만, 친구들끼리는 감사와 존중을 바탕으로 한 발짝 물러서서 서로를 바라볼 수 있다고 말합니다.

우정은 핵가족의 연장 혹은 대안이 될 수 있습니다. 우리 대부분은 다른 사람들과 삶의 경험을 공유하고 싶어 하지요. 우정이라는 관계를 통해 우리는 타인을 더욱 알아갈 뿐 아니라 자신에 대해서도 더 많이 배울 수 있게 됩니다. 또한 이러한 관계는 자존감과 자긍심을 비추는 거울이 되기도 합니다. 우정을 통해 우리는 자신을 돌아보고 성장이 필요한 부분을 점검하는 완벽한 기회를 얻는 셈이지요.

혹여 친구 관계가 껄끄러워졌다면 어린 시절의 기억에서 비롯된 부정적 메시지를 돌아보아야 합니다. 마음에 대청소가 필요한 때가 온 것일 수도 있고요. 평생 부정적 메시지에만 집중해온 내 마음을 청소한다는 건, 이제껏 불량식품만 섭취해오다가 잘 짜인 영양 식단에 돌입하는 것과 비슷합니다. 식습관을 바꾸게 되면 몸에서는 독소 찌꺼기를 내보내지요. 그래서 하루이틀 정도 컨디션이 저조해질 수 있답니다.

마음속 생각의 양상을 바꾸기로 결정하더라도 마찬가지입니다. 한동안은 주변 상황이 더 나빠졌다고 여길 수 있어요. 하지만 꼭 기억하세요. 말라붙은 잡초 더미를 충분히 들춰내야 비옥한 토양에 닿을 수 있는 법입니다. 당신이라면 할 수 있어요. 꼭 해낼 거예요!

❖ 우정 점검하기

아래 확언을 세 번 써보고 이어지는 물음에 구체적으로
답해봅시다.

"우정에 문제를 일으키는 생각 패턴은 전부 내보낼 거야."

◆ 어린 시절 경험한 첫 번째 우정은 어땠나요?

◆ 오늘날 당신의 우정은 어린 시절의 우정과 어떤 점이 닮아
있나요?

◆ 우정에 대해 부모님께 어떤 내용을 배웠나요?

◆ 부모님께서는 어떤 부류의 친구들과 어울렸나요?

◆ 앞으로 어떤 친구들을 사귀고 싶나요?

❖❖ 자존감과 우정

우정이라는 영역 안에서 당신의 자존감에 대해 살펴보기
로 해요. 아래의 각 물음에 답해봅시다. 그런 다음 기존의
신념을 대체할 긍정적 확언을 현재형으로 써보세요.

① 좋은 친구들과 함께할 때 스스로 괜찮은 사람이라고 느껴지나요?

부정적 신념 아니, 누가 나랑 친구가 되려고 들까?

긍정적 확언 나는 나를 사랑하고 인정해. 난 친구들을 끌어들이는
힘이 있어.

② 친밀한 우정을 맺는다면 무엇이 가장 두려운가요?

부정적 신념 배신당할까 봐 두려워. 그래서 누구도 못 믿을 것 같아.

긍정적 확언 전혀 두렵지 않아. 나 자신과 내 인생 그리고 내 친구들을 믿어.

③ 이렇게 신념으로써 '얻는 것'은 무엇인가요?

부정적 신념 제대로 평가를 내릴 수 있어. 일단 친구들이 뭔가 잘못을
저지르면 그들이 틀렸다고 알려줄 수 있어.

긍정적 확언 나의 우정은 전부 성공적이야. 난 사랑과 애정이 넘치는
친구야.

④ 이런 신념을 버린다면 어떤 일이 벌어질까 걱정되나요?

부정적 신념 스스로 제어가 안 될 것 같아. 내가 어떤 사람인지 사람들에
게 알려줘야 할 테지.

긍정적 확언 나를 사랑하고 인정하면 타인을 사랑하는 것도 쉬운 법이야.

살아가는 동안 벌어지는 모든 일에 대한 책임이 온전히 자신에게 있다면, 비난할 사람은 없을 겁니다. '바깥'에서 겪게 되는 일이란 건, 단지 우리 내면의 사고가 반영되었을 뿐입니다.

❖❖❖ 친구에 관한 고찰

친구에게 홀대나 배신당했다고 여긴 경우를 세 가지 정도 떠올려봅시다. 어려울 때 신념을 저버리거나 멀어져간 친구가 있을 수 있겠지요. 또 바로 그 친구가 당신의 배우자나 연인의 일에 끼어들었을 수도 있고요.

각각의 상황별로 이름을 붙이고 해당 사건이 벌어지기 전 당신이 품었던 생각을 적어봅시다.

수지의 험담	열여섯 살 때 나의 절친 수지가 나를 배신하고 나쁜 소문을 퍼뜨리고 다녔어. 내가 찾아가 따졌을 땐 거짓말로 모면할 뿐이었지. 3학년 내내 난 외톨이었어.
품었던 생각	사실 난 친구를 얻을 자격이 없었어. 난 쌀쌀맞고 비판하기 좋아하는 수지에게 끌렸지. 난 평가받고 비난받는 데 익숙했으니까.

❖❖❖❖ 도움을 준 친구

이제 친구에게 도움을 받았던 경우를 세 가지 떠올려보세요. 필요한 순간에 친구가 나서주었거나 금전적 도움을 준 적도 있겠지요. 그 친구가 어려운 상황을 해결해주었을지도 모르겠군요.

각각의 상황별로 이름을 붙이고 해당 사건이 벌어지기 전 당신이 품었던 생각을 적어봅시다.

헬렌의 도움	난 늘 헬렌이 기억나. 첫 직장에 다니던 시절, 회의 시간에 엉뚱한 말을 했다가 놀림거리가 된 적이 있어. 그때 헬렌이 나서줬어. 당황한 나를 도와준 덕택에 그 회사에 계속 다닐 수 있었지.
품었던 생각	실수를 저지르더라도 항상 누군가가 도와줄 거야. 난 도움을 받을 자격이 충분하니까.

❖❖❖❖❖ 시각화

감사해야 할 친구는 누구인가요? 잠시 그 친구를 눈앞에 그려봅시다. 친구를 쳐다보며 이렇게 말하세요. '내가 필요로 할 때마다 내 곁에 있어 줘서 고마워. 그리고 사랑

해. 네가 기쁨으로 충만한 삶을 살기 바랄게.'

용서해야 할 친구는 누구인가요? 잠시 그 친구를 눈앞에 그려봅시다. 친구를 쳐다보며 이렇게 말하세요. '내 기대와 다르게 행동한 너를 용서할게. 널 용서해. 그리고 이제 널 놔줄게.'

Affirmations

우정을 위한 확언

다음 확언이 일상에 녹아들도록 해보세요. 차 안에서, 일터에서, 거울을 들여다보면서, 언제라도 부정적 신념이 고개를 들때마다 긍정적 확언을 자주 해보세요.

- ◆ 난 기꺼이 누군가의 친구가 될 준비가 되어 있어.
- ◆ 내 친구들은 사랑이 넘치고 내게 힘이 되어줘.
- ◆ 내 안에서 비난의 기운을 몰아내고 나니, 평가하기 좋아하는 사람들이 내 삶에서 사라졌어.
- ◆ 난 전적으로 마음을 열어두고 모든 걸 받아들일 준비가 되어 있어.
- ◆ 내가 다른 이들을 존중하는 만큼 그들도 나를 존중해줘.

◆ 다른 사람들을 사랑하고 인정할수록 우정도 오래 지속돼.

◆ 마음을 열어도 괜찮아.

◆ 난 친구들의 일에 간섭하지 않아. 우리는 서로 아주 자유로워.

◆ 내 안의 지혜가 늘 나를 인도해줘.

◆ 내가 원하는 걸 요구해도 괜찮아.

◆ 난 제약을 뛰어넘어 나 자신을 꾸밈없이 표현해.

◆ 내 친구들도 처음에는 낯선 사람이었지. 그러니 내 삶에 찾아드는 새로운 이들을 환영해.

◆ 사랑을 베풀면 삶이 풍요로워져. 난 어렵지 않게 사랑을 표현해.

◆ 내 인생에 관계된 사람들은 나 자신을 비추는 거울이야. 이 세상은 내게 안전하고 우호적이지.

◆ 늘 웃는 표정과 기쁨과 사랑이 가득한 언어는 내가 다른 이들과 나눌 수 있는 최고의 선물이야.

우정이라는 관계를 통해 우리는 타인을 더욱 알아갈 뿐 아니라 자신에 대해서도 더 많이 배울 수 있게 됩니다. 또한 자존감과 자긍심을 비추는 거울이 되기도 합니다.

Day 13

사랑이 찾아오는 순간

오늘은 '사랑'과 더불어 좀 더 친밀한 관계에 대해 살펴볼까 합니다. 사실 우리는 모든 존재와 관계를 맺습니다. 이 책은 물론이고 저 그리고 제가 설명하는 개념과도 연관되어 있지요.

사물과 음식, 날씨, 교통 그리고 사람들에 이르기까지, 당신이 맺는 모든 관계에는 당신 자신과의 관계가 반영됩니다. 그리고 당신이 자신과 맺는 관계는 어린 시절 주변 어른들과 가진 관계의 영향을 아주 많이 받는답니다. 긍정적이든 부정적이든 그 시절 어른들이 내게 반응한 방식이 종종 오늘날 우리가 자신을 향해 반응하는 방식이 되곤 하지요.

관계 맺음과 관련하여 수많은 경력을 쌓은 재생 요법사

손드라 레이Sondra Ray는 우리가 관여하는 모든 중요한 관계는 부모 중 한쪽과의 관계를 반영한다고 합니다. 또 그의 말에 따르면, 부모와의 관계를 제대로 정리하지 않으면 현재 맺은 관계 속에서 원하는 바를 제대로 이루기 어렵다고 합니다.

관계는 우리 자신을 비추는 거울입니다. 따라서 우리가 끌어들이는 것들은 늘 관계와 관련된 우리 자신의 자질이나 신념을 비추기 마련이지요. 이러한 공식은 직장 상사, 동료, 고용인, 친구, 연인, 배우자, 자녀에 이르기까지 모든 관계에 적용됩니다. 그러니까 이들에게서 뭔가 마음에 들지 않는 부분을 발견했다면, 그건 그러한 부분이 당신의 행동 원칙이나 신념에 반하기 때문이지요. 그들과 부합되는 점이 없다면 그들의 관심을 끌거나 관계를 이룰수도 없을 겁니다.

사랑은 기대하지 않을 때 그리고 찾아 나서지 않을 때 우리에게 오는 법입니다. 사랑을 찾아 돌아다닌다고 해서 좋은 짝을 만날 수는 없어요. 사랑에 대한 갈증과 불행하다는 기분만 느끼기 마련이지요. 사랑은 절대 우리 바깥에 있지 않습니다. 늘 우리 안에 있습니다.

사랑이 즉시 이루어질 거라고 우기지 마세요. 당신은 아직 준비되지 않은 상태일 수도 있고, 바라는 상대를 끌어들일 만큼 충분히 성장하지 않았을 수도 있습니다. 그저 누군가 필요하다고 해서 아무에게나 정착하지 않도록 주의하세요. 자신만의 기준을 세워두세요. 어떤 사람을 원하나요? 연인에게 바라는 자질을 마음속에 떠올려보세요. 바로 그런 사람을 만나게 될 테니까요. 왜 아직까지 인연을 만나지 못하는지에 대해서도 알아보고 싶겠지요. 너무 비판적이어서 그럴까요? 자존감이 부족해서일까요? 기준이 턱없이 높아서일까요? 배우 같은 사람을 찾아서 그런 걸까요? 관계에 대한 두려움이 있나요? 아니면 사랑받지 못할 거라 여기고 있나요?

사랑이 정말 찾아오는 순간을 대비하세요. 마음의 밭을 일구고 사랑을 쏟아부을 채비를 하세요. 사랑을 주면 당신도 사랑스러워질 겁니다. 늘 마음을 열어두고 사랑을 받아들이세요.

어린 시절 어떤 식으로 사랑을 경험했나요? 부모님은 사랑과 애정을 적극적으로 표현하는 편이었나요? 포옹을 많이 받으며 자랐나요? 아니면 당신 가족은 거친 싸움이나 고함, 울음, 분노, 조종과 통제, 침묵 혹은 보복을 통해 사랑을 표현했나요? 만일 그랬다면 당신은 성인이 된 후에도 유사한 경험을 좇을 겁니다. 그리고 그런 생각을 굳

혀줄 상대를 찾겠지요. 어린 시절 사랑을 갈구했음에도 고통만 돌아왔다면, 성인이 된 당신은 사랑 대신 고통을 찾아다닐 거예요. 과거 가족의 애정 표현 패턴에서 벗어나지 못한다면 말입니다.

❖ 사랑에 대한 감정

다음 질문에 자세히 답해보세요.

- ◆ 마지막 관계는 어떻게 마무리되었나요?
- ◆ 그 이전 관계는 어떻게 마무리되었나요?
- ◆ 마지막 두 번의 연인 관계에서 그 두 사람과의 주요 쟁점은 무엇이었나요?
- ◆ 그 쟁점으로 인해 부모님의 관계가 떠올랐나요?

어쩌면 당신이 맺은 모든 연인 관계는 상대방이 당신을 떠나며 끝났을 수도 있을 겁니다. 당신이 남는 쪽이 되기로 선택한 건 부모님이 이혼, 그러니까 부모 중 한쪽이 당신을 포기한 것 혹은 가족 구성원의 죽음에서 기인한 것일 수도 있어요.

이러한 생각의 습관을 바꾸려면 우선 부모님을 용서하고, 군이 이런 행동을 반복하지 않아도 된다고 스스로 깨달아야 합니다. 이제 모든 기억을 놓아주고 스스로 자유로워지세요.

몇 번이고 반복하게 되는 습관이나 행동 양상이 있나요? 그렇다면 우리 내면에 그러한 반복적 행동에 대한 욕구가 있다고 보면 됩니다. 그러한 욕구는 우리가 가진 어떠한 신념과 관련이 있습니다. 아무런 욕구가 없었다면 군이 무엇을 소유하거나 행하거나 무엇이 되려고 하지 않았을 테지요.

자기비판을 한다고 해서 행동 양상을 부숴뜨릴 순 없습니다. 하지만 욕구에서 벗어나면 그렇게 할 수 있어요.

❖❖ 관계 양상

다음 질문에 자세히 답해보세요.

◆ 어린 시절 사랑에 관해 무엇을 배웠나요?
◆ 부모님과 비슷한 상사를 둔 적이 있었나요? 그 상사는 부모와 어떤 면에서 닮았나요?

◆ 연인이나 배우자가 부모님 중 한 분과 닮았나요? 만일 그렇다면 어떤 점이 닮았나요?

◆ 이러한 행동 양상을 바꾸려면 누구를 용서해야 할까요?

◆ 새로운 깨달음을 얻은 지금, 앞으로 어떤 관계를 맺고 싶나요?

기존의 생각과 신념은 당신이 그것들을 놓아주기 전까지 계속 당신의 인생을 주무르려 들 겁니다. 앞으로 품을 생각이 아직 정립되지 않았기 때문에, 그것이 어떤 생각이 될지 당신도 알 수 없지요. 하지만 지금 마음에 품은 생각만큼은 전적으로 당신이 관리할 수 있답니다.

자신의 생각을 선택할 수 있는 유일한 존재는 나 자신입니다. 이따금 습관적으로 같은 생각을 반복할 때도 있지요. 우리 스스로 생각을 선택한 것처럼 보이지 않을 수도 있어요. 그러나 우리는 본래의 그 선택을 스스로 행했습니다. 그런가 하면 우리는 특정한 생각을 밀어낼 수도 있어요. 자신에 관한 긍정적 생각을 얼마나 자주 밀어냈었나요? 자, 그럼 이제 당신은 자신을 겨냥한 부정적 생각도 충분히 거부할 수 있답니다. 연습이 필요할 뿐이지요.

❖❖❖ 사랑과 관계에 대한 신념

그럼 이제 당신이 고수해온 신념에 대해 살펴보기로 해요. 다음의 각 물음에 답해봅시다. 그런 다음 기존의 부정적 신념을 대체할 긍정적 확언을 현재형으로 써보세요.

① **다른 사람과 관계를 맺음으로써 스스로 괜찮은 사람이라고 느껴지나요?**

부정적 신념   아니, 진짜 내 모습을 알게 되면 누구라도 내게서 멀어질 거야.

긍정적 확언   나는 사랑스럽고 충분히 알아갈 만한 사람이야.

② **사랑이 두려운가요?**

부정적 신념   그래, 내 짝이 바람 피울까 봐 걱정돼.

긍정적 확언   난 늘 내 사랑 안에서 안정감을 느껴.

③ **이렇게 신념으로써 '얻는 것'은 무엇인가요?**

부정적 신념   내 삶에 로맨스란 없어.

긍정적 확언   난 사랑이 찾아들도록 마음을 열어.

④ **이런 신념을 버린다면 어떤 일이 벌어질까 걱정되나요?**

부정적 신념   난 결국 이용만 당하고 상처받게 될 거야.

긍정적 확언   다른 사람과 마음속 내 모습을 공유해도 괜찮아.

사랑과 관계를 위한 확언

아래의 확언이 일상에 녹아들도록 해봅시다. 차 안에서, 일터에서, 거울을 들여다보면서, 아니면 언제든 부정적 신념이 고개를 들 때마다 긍정적 확언을 자주 해보세요.

◆ 나를 사랑하고 인정해. 그리고 난 안전해.

◆ 사랑은 영원해.

◆ 사랑은 나를 자유롭게 해.

◆ 사랑에 빠져도 괜찮아.

◆ 내 연인과 난 각자 자신을 잘 돌보고 있어.

◆ 내 연인과 난 늘 동등한 관계를 유지해.

◆ 질투는 불안의 산물일 뿐, 지금 난 자존감을 키우고 있어.

◆ 내가 나다울 때 사람들도 나를 사랑해.

◆ 난 사랑할 자격이 충분해.

◆ 나 자신과 타인을 사랑하는 일이 점점 더 수월해져.

◆ 사랑을 향해 마음을 열수록 더 안전하다고 느껴.

◆ 내 연인과 난 각자의 결정을 존중해.

◆ 난 지속적이고 사랑으로 충만한 관계를 만들어가고 있어.

◆ 이제 난 친밀한 사랑을 할 준비가 되어 있어.

◆ 내가 맺고 있는 모든 관계는 조화로워.

사랑이 정말 찾아오는 순간을 대비하세
요. 마음의 밭을 일구고 사랑을 쏟아부을 채비
를 하세요. 늘 마음을 열어두고 사랑을 받아들
이세요.

Day 14

매 순간 창의적으로

오늘 살펴볼 주제는 '창의성'입니다. 누구나 창의성을 지니고 있으며, 생각하는 것보다 훨씬 더 발달시킬 수 있어요.

스스로 무능하다고 말하고 생각한다면, 절대 자신을 창의적으로 표현할 수 없습니다. 만일 이렇게 말한다고 가정해봅시다. "난 창의적이지 못해." 그렇다면 이 문장을 사용하는 한 이것이 실제로 이루어질 확언이 되는 셈이지요. 사실 당신 안에는 선천적으로 창의성이 흘러넘치고 있어요. 이 창의성을 불러내기만 하면 놀라운 기쁨을 경험할 거예요. 당신은 마치 우주의 창의적 에너지 흐름과 이어진 수도꼭지와 같답니다. 다른 이들에 비해 자신을 좀 더 창의적으로 표현해내는 사람들이 있겠지만, 사실 이건 누구라도 모두 가능한 일입니다.

우리는 매일 각자의 삶을 창조해나갑니다. 저마다 지닌 고유한 재능과 능력을 활용해서 말이지요. 그런데 안타깝게도 우리 대부분은 어릴 적에 창의성을 억누르려는 어른들 틈에서 성장했습니다. 제 경우에는 키가 너무 커서 무용수가 될 수 없을 거라던 선생님이 있었지요. 또 제 친구 한 명은 화가로서 자질이 없다는 말을 들었다고 합니다. 언젠가 나무를 제대로 그리지 못했다는 이유로요. 이 얼마나 얼토당토않은 일인가요? 하지만 꽤 순종적이었던 우리는 어른들의 말을 그대로 믿곤 했지요. 이젠 그들이 우리에게 주입했던 이야기에서 벗어날 수 있습니다.

옳지 못한 또 다른 예로 예술가들만이 창의성을 발휘한다는 말이 있지요. 하지만 그건 단지 창의성의 한 가지 형태일 뿐, 사실 창의성은 수많은 형태로 표현될 수 있습니다. 당신만 하더라도 일상 속 매 순간마다 무언가를 창조해내고 있어요. 가장 흔한 예로 몸속에서는 새로운 세포들이 일상적으로 생성되고 있습니다. 그뿐인가요? 당신이 보이는 감정 반응과 현재의 일자리, 은행 계좌, 친구들과의 관계 그리고 자신을 대하는 태도에 이르기까지, 당신은 실로 여러 가지를 창조해냅니다. 이 모든 것이 창조성을 드러내는 거지요.

당신은 침대를 정리하는 데 소질이 있을 수 있고, 근사한 요리를 만들어낼 수도 있어요. 직장에서 창의성을 발휘하기도 하고, 정원을 잘 꾸미는 예술가가 되기도 하지요. 아니면 다른 사람들에게 친절을 베풀며 자기만의 독창성을 빛낼지도 모르겠네요. 어쨌거나 이 모든 것은 자신을 창의적으로 표현하는 수백만 가지 방식 중 몇 가지에 지나지 않습니다. 어떤 방식을 선택하든, 당신은 자신의 창조적 행위를 통해 깊은 만족감과 충만함을 느끼고자 할 거예요.

당신은 늘 영spirit의 신성한 인도를 받습니다. 그리고 영은 실수를 저지르는 법이 없지요. 무언가 표현하거나 만들어내고자 하는 강력한 욕구가 마음속에 일 때, 그러한 기분은 일종의 성스러운 불만족에 해당합니다. 당신이 갈구하는 바가 바로 당신의 소명이에요. 그것이 무엇이든 그 일에 매진한다면 영의 인도와 보호를 받는 건 물론 성공도 보장될 겁니다. 어떠한 목적이나 계획이 눈앞에 있을 때, 우리는 그러한 흐름을 신뢰하고 수용하거나 아니면 두려움에 사로잡혀 옴짝달싹하지 못하게 되곤 하지요. 핵심은 바로 당신 안에 자리한 완벽함을 믿어보는 겁니다. 물론 당장은 겁이 날 수도 있겠지요. 누구나 두려워하는 게 있기 마련이랍니다. 하지만 당신이라면 할 수 있어요. 꼭 기억하시길. 온 우주가 당신을 사랑하고 있고, 당신이 시도하는 모든 일에서 성공하길 바라고 있다는 사실을

요. 당신은 매일 매 순간 자신을 창의적으로 표현하고 있어요. 자신만의 고유한 방식으로 당신답게 살아가고 있습니다. 그렇다면 이제 당신은 자신이 창의적이지 못하다는 그릇된 내면의 신념을 떨쳐낼 수 있습니다. 그리고 마음속에 떠오르는 계획을 전부 과감히 실행에 옮겨보는 거예요.

자칫 무언가를 시도하기엔 너무 나이가 든 건 아닐까 하고 생각하지 마세요. 내 경우엔 마흔 중반에 이르러 가르치는 일을 시작하기 전까지, 내 인생에 큰 의미가 없어 보였답니다. 그러다 쉰 살이 되어서야 아주 작게나마 나만의 출판사를 열었지요. 쉰다섯에는 큰마음을 먹고 컴퓨터 강좌를 수강하면서 컴퓨터에 대한 두려움을 극복했습니다. 예순에 이르러 처음으로 정원을 가꾸기 시작하고부터는 친환경 예찬 정원사가 되어 직접 채소를 재배해서 요리하고 있어요. 일흔이 되어서는 아동 미술 수업에 등록했고, 이후 몇 년 뒤에는 필체를 완전히 바꾸었답니다. 참고로 필체를 바꾼 건《인생을 바꾸는 필체Your Handwriting Can Change Your Life》의 저자 비말라 로저스Vimala Rodgers의 영향이 컸어요. 일흔다섯에는 성인 미술 수업 과정을 수료하고 제 작품을 판매하기 시작했습니다. 지금 제 수업을 담당하고 있는 미술 강사는 제가 조각 수업에 도전해보길 권하고 있지요. 그리고 최근 들어 배우기 시작한 요가를 통해 신체적으로 긍정적 변화를 경험하고 있답니다.

몇 달 전에는 사교댄스를 배우러 갔습니다. 개인적으로 여태 겁을 내던 분야였지요. 요즘은 한 주에 여러 번 수업을 들으면서, 춤을 배우겠다던 어릴 적 꿈을 이뤄가고 있어요.

저는 한 번도 경험하지 못했던 걸 배우기를 좋아합니다. 앞으로 내가 무얼 할지 누가 알겠어요? 한 가지 분명한 건, 이 땅을 떠나는 그날까지 저는 확언을 계속하고 새로운 창의성을 표현해나갈 거라는 사실이지요.

추진해보고 싶은 계획이 있거나 좀 더 창의적이고 싶다면, 다음의 확언 중 몇 가지를 해보는 것도 좋을 겁니다.

Affirmations

창의성을 위한 확언

다음 확언이 일상에 녹아들도록 해보세요. 차 안에서, 일터에서, 거울을 들여다보면서, 언제라도 부정적 신념이 고개를 들 때마다 긍정적 확언을 자주 해보세요.

◆ 내 창의성을 완전히 표현하길 거부하는 마음은 전부 내보

내고 있어.

◆ 사랑으로 충만한 내면의 공간으로부터 생각이 흘러나올 때 애쓰지 않고 수월하게 무언가를 창조해낼 수 있어.

◆ 매일 아주 새롭거나 아니면 적어도 이전과는 다른 무언가를 시도하는 건 나를 성장하게 해.

◆ 어떤 영역을 선택하든 창의적 표현을 할 시간과 기회는 충분해.

◆ 나의 가족은 꿈을 이루기 위해 노력하는 날 전적으로 지지해.

◆ 내가 구상한 창의적인 계획은 큰 만족감을 안겨줘.

◆ 나는 내 삶에 기적을 불러일으켜.

◆ 갖가지 창의적인 방식으로 나를 표현하면 기분이 좋아.

◆ 난 유일무이한 존재야. 특별하고 창의적이며 더없이 멋져.

◆ 내 잠재력은 무한대야.

◆ 난 삶이 뿜어내는 기쁨과 창의성의 표현이야.

◆ 타고난 나의 창의성은 늘 놀라움과 기쁨을 선사해.

◆ 난 명확하게 사고할 줄 알기에 수월하게 나 자신을 표현해.

◆ 난 창의적인 방식으로 충만함을 느껴.

◆ 주변에서는 늘 내 재주를 필요로 하고, 나만의 고유한 재능을 인정해.

온 우주가 당신을 사랑하고 있고, 당신이
시도하는 모든 일에서 성공하길 바라고 있다는
사실을 기억하세요.

Day 15

성공하는 직장 생활

오늘 이야기할 주제는 '직업'입니다. 일과 직업은 자존감과 더불어 이 세상에 대한 우리의 가치를 반영한다고 볼 수 있지요. 어떤 면에서 보면 직업은 시간과 노동을 돈과 맞바꾸는 것이기도 하고요. 직장이란, 그 형태를 막론하고 상호 간에 축복과 번영을 도모할 수 있는 기회의 장이라고 생각합니다.

이 세상에 유일무이한 개인으로서 각자의 직업은 중요합니다. 누구나 세상에 기여하고 싶어 합니다. 또 자신만의 재주와 지능, 창의력을 발휘하고자 하지요.

직장에서의 성공은 많은 사람에게 아주 중요한 문제입니다. 직업에 대해 생각하는 방식을 바꾸기만 한다면, 당신은 직장에서 늘 성공을 거둘 겁니다. 만일 자신의 직장을 혐오한다거나 상사의 행동거지를 참아낼 수 없다면, 결코 업무가 즐거울 수 없겠지요. 정말이지 끔찍한 확언이 아닐 수 없습니다. 늘 이렇게 생각한다면 좋은 직장과 인연이 닿는 건 불가능하겠지요. 직장에서 즐겁게 일하고 싶다면 우선 생각부터 바꿔야 해요. 저는 이렇게 믿고 있습니다. 직장 상사나 동료, 일하는 장소, 사무용품에 사랑을 담아 축복하면 분명 효과가 있다고 말이에요. 지금 당신이 맡은 업무에서부터 시작해보기로 해요. 이 일은, 훨씬 더 나은 직위로 옮겨 가려는 발판일 뿐이라고 확언해보는 겁니다.

당신이 현재 직장에 몸담고 있는 건 과거 당신이 믿었던 것들의 결과입니다. 바로 자신의 생각을 통해 그 직장을 끌어들인 것이지요. 일을 대하는 태도는 부모님으로부터 습득했을 수도 있겠고요. 어찌 되었건, 이제는 생각을 바꿀 수 있습니다. 그러니 사랑을 담아 축복해보세요. 상사를, 동료를, 회사의 입지를, 엘리베이터나 계단을, 사무실을, 사무용 가구를 그리고 모든 고객 한 명 한 명을 말이에요. 이렇게 하면 마음속에 사랑으로 충만한 기운이 생겨나 당신을 에워싼 환경도 전부 거기에 반응할 겁니다.

생각이 바뀌면 주변 상황도 바뀌는 법입니다. 못 견디게 꼴불견이었던 상사가 한순간 아군이 되어 나를 옹호할 수도 있어요. 또 승진할 희망이 없는 막다른 골목인 것만 같던 내 직위가 가능성으로 가득한 새로운 커리어로 발돋움하는 기회의 문이 될 수도 있지요. 늘 거슬리기만 하던 동료도 친구까지는 아니더라도 더불어 지내기에 훨씬 수월한 사람으로 바뀔 수 있어요. 항상 부족했던 월급이 눈 깜짝할 새 인상되는 일도 벌어진답니다. 어쩌면 훌륭한 새 직장을 발견하게 될지도 몰라요.

생각만 바꿀 수 있다면 우리를 가능성으로 이끌 연결 고리는 무한합니다. 이제 모든 가능성을 향해 마음을 열어봅시다. 풍요로움과 충만함은 어디서든 비롯될 수 있음을 의식적으로 받아들여야 합니다.

변화는 작은 데서부터 일어날 수 있습니다. 가령 어느 날 상사가 추가 업무를 지시했는데, 그 업무를 하다가 미처 몰랐던 자신의 지성과 창의성을 입증하게 되는 경우도 있습니다. 또 굳이 적대시하지만 않는다면 밉살스러웠던 동료 역시 행동에 뚜렷한 변화를 보일 수 있습니다. 어떠한 변화가 일더라도 그 변화를 인정하고 기쁘게 받아들이세요. 당신은 혼자가 아닙니다. 오히려 변화 그 자체지요. 당신을 빚어낸 그 힘이 이제는 자신만의 경험을 스스로 만들어갈 수 있도록 힘을 선사할 거예요!

❖ 직장 생활에 대한 고찰

◆ 무엇이든 될 수 있다면, 어떤 선택을 하겠습니까?

◆ 원하는 대로 직업을 고를 수 있다면, 어떤 직업을 선택하겠습니까?

◆ 현재 직장에서 어떤 점을 바꿔보고 싶나요?

◆ 지금의 고용주가 어떻게 바뀌었으면 좋겠나요?

◆ 어떤 환경에서 일하고 싶나요?

◆ 직장에서 누구를 제일 먼저 용서하고 싶나요?

❖❖ 직업과 자존감

직장과 관련된 당신의 자존감에 대해 알아보기로 해요. 아래의 각 물음에 답해봅시다. 그런 다음 현재형으로 확언을 써보세요.

① 스스로 좋은 직장을 다닐 만한 괜찮은 사람이라고 여겨지나요?

부정적 신념 가끔은 충분히 행복하지 않아.

긍정적 확언 난 모든 상황에 적절히 대처할 줄 알아.

② 업무와 관련해서 가장 두려운 건 무엇인가요?

부정적 신념 고용주가 내 무능함을 발견하고 결국 해고해버려서

일할 직장을 못 구할까 봐 걱정돼.

긍정적 확언 난 별일 없이 내 자리를 지켜. 그리고 내 삶은 완벽

하게 돌아가고 있지. 전부 다 괜찮아.

③ 이렇게 신념으로써 '얻는 것'은 무엇인가요?

부정적 신념 사무실 사람들의 비위를 맞춰야 해. 그리고 고용주

를 왕처럼 받들어야 하지.

긍정적 확언 경험을 만들어내는 건 바로 내 마음이야. 난 내 무

한한 능력을 발휘해 삶에 좋은 것만 불러들이지.

④ 이런 신념을 버린다면 어떤 일이 벌어질까 걱정되나요?

부정적 신념 난 늘 부족한 사람이야. 스스로 더 성장하고 책임감

을 키워야 해.

긍정적 확언 난 충분히 가치 있는 사람이야. 얼마든지 성공할

수 있어. 삶은 나를 사랑하니까.

❖❖❖ **시각화**

완벽한 직장이란 무엇일까요? 완벽한 직장에서 일하는
자신의 모습을 잠시 그려보세요. 직장 내 환경과 동료들

의 모습을 그려보고, 완벽한 충만감을 느끼며 월급도 넉넉히 받으면서 일하는 기분을 상상해봅시다. 이렇게 그려본 모습을 마음속에 간직하세요. 당신의 바람은 의식 속에서 이미 실현되었답니다.

부디 직장을 구하기 어렵다고 생각하지 않기 바랍니다. 물론 그런 경우가 많긴 하지만, 당신이 꼭 그러리란 법은 없지요. 당신이 필요한 건 단 하나의 직장이고, 의식이 그 길을 열어줄 겁니다. 두려움을 믿지 마세요. 혹시라도 업계나 경제 동향과 관련해서 부정적인 소식을 듣게 된다면 그 즉시 이렇게 확언하세요. '물론 그런 곳도 있겠지만, 내겐 해당되지 않는 이야기야. 어디서 무슨 일이 일어나든 난 늘 성공을 거두니까.'

이미 알다시피 당신은 시도하는 모든 일에서 성공을 거듭합니다. 당신은 자신의 분야에서 탁월한 능력을 발휘해 큰 결실을 낳지요. 또 기쁜 마음으로 흔쾌히 남을 도울 줄도 압니다. 성스러운 조화의 기운은 당신의 내면과 주변 그리고 일터에서 함께하는 직원들 한 명 한 명의 내면에도 가득히 자리한답니다.

직장이 마음에 들긴 하지만 보수가 충분하지 않다고 여긴다면, 사랑의 마음을 담아 현재의 급여를 축복해봅시다.

현재 가진 것을 향해 감사를 표현하면 수입의 증가도 기대해볼 수 있답니다. 그리고 절대 직장이나 동료에 대해 불평을 늘어놓지 마세요. 바로 당신의 의식이 지금의 그 자리로 당신을 데려다 놓았으니까요. 이제 새롭게 바뀐 의식을 통해 당신은 더 나은 위치로 옮겨 갈 수 있습니다. 할 수 있어요!

직업을 위한 확언

다음 확언이 일상에 녹아들도록 해보세요. 차 안에서, 일터에서, 거울을 들여다보면서, 언제라도 부정적 신념이 고개를 들 때마다 긍정적 확언을 자주 해보세요.

◆ 난 훌륭한 직업을 가질 자격이 있어. 그리고 이제 난 그걸 받아들여.

◆ 이 일이 즐겁고 동료들과 함께해서 기뻐.

◆ 난 늘 회사가 편안해.

◆ 업무 도중 문제가 발생하면 기꺼이 도움을 요청하지.

◆ 직업에서 오는 기쁨은 내가 느끼는 전반적인 행복감에 반영돼.

◆ 사람들은 내 역량을 인정해.

◆ 난 이 회사에 취업하게 돼서 감사해.

◆ 난 모든 순간을 기회로 전환해.

◆ 상사들은 전부 사랑과 존경으로 나를 대하지.

◆ 난 유능하고 일 처리에 능숙해. 그리고 내게 꼭 들어맞는
완벽한 직장에 다니고 있어.

◆ 난 사람들의 최대 장점만 보려 하고 그들은 친절로 응답해.

◆ 난 긍정적인 생각으로 새로운 기회를 만들어내.

◆ 난 손대는 일마다 성공을 거둬.

◆ 새로운 기회의 문은 늘 열려 있어.

◆ 난 소득을 늘려줄 새로운 경로를 향해 마음을 열어두고 받
아들일 준비가 되어 있어.

사랑을 담아 축복해보세요. 이렇게 하면
마음속에 사랑으로 충만한 기운이 생겨나 당신
을 에워싼 환경도 전부 거기에 반응할 겁니다.

Day 16

돈과 부를
끌어당기는 습관

오늘 알아볼 것은 '돈과 부'입니다.

돈이 부족하다고 말하거나 생각하면 절대 부를 이룰 수 없습니다. 이건 아주 소모적인 생각으로, 당신에게 풍요로움을 선사하지 못해요. 부족함에 대해 생각할수록 더욱 부족해질 뿐이지요. 빈곤에 관한 생각은 더 심한 빈곤을 낳는 법입니다. 반면 감사하다고 생각하면 풍요가 찾아든답니다.

부를 아주 멀리 쫓아버리는 부정적 확언과 태도가 몇 가지 있어요. 가령 "돈이 충분했던 적이 단 한 번도 없어"와 같이 말이에요. 이건 아주 끔찍한 확언입니다. "버는 돈보다 쓰는 돈이 많게 마련이지" 역시 비생산적인 확언의 또 다른 예지요. 이러한 확언들은 빈곤에 관한 생각 중에서도 최악의 부류에 속합니다. 우주는 자신과 삶에 대해 당신이 믿는 내용에만 반응하지요. 일단 돈에 관해 당신이 품고 있는 부정적 생각을 살핀 다음 그걸 내보내기로 결정해봅시다. 그리고 실제로 그런 생각을 놓아주세요. 부정적 생각은 과거에 당신에게 득이 된 적이 없고, 앞으로도 전혀 도움이 되지 않을 거예요.

사람들은 가끔 오랫동안 연락이 끊겼던 친척이 남긴 유산이나 복권 당첨을 통해 경제적 문제가 해결될 거라 생각하기도 합니다. 네, 좋습니다. 그런 일이 벌어질 거라고 공상에 잠기거나 정기적으로 복권을 사는 재미에 빠질 수 있지요. 하지만 그런 식으로 돈을 버는 일에 너무 집중하지 말기 바랍니다. 그런 생각은 부족 혹은 빈곤과 연결된 것으로 당신의 삶에 지속적인 부를 가져다줄 리 없으니까요. 하지만 확언과 선언, 자격 있음의 인정, 받아들임이라는 단계를 거친다면 복권 당첨액에 비할 수 없이 큰 부를 접하게 될 거예요.

부와 멀어지도록 하는 또 다른 요인으로 거짓을 들 수 있습니다. 당신이 나눠주는 건 그대로 당신에게 돌아옵니다. 언제나 그렇지요. 또 인생에서 뭔가를 취했다면 당신이 내어주어야 하는 것도 분명 있습니다. 아주 간단한 원리예요. 미처 훔쳤다고 느낄 새도 없었겠지만, 그동안 사무실에서 집으로 가져온 종이 집게와 사무용품이 몇 개나 되는지 세어보셨나요? 아니면 종종 남의 시간이나 다른 사람이 소중히 여기는 걸 빼앗은 적이 있나요? 행여 관계 사이에 끼어들어 훼방 놓은 적은 없나요? 이러한 행동은 전부 우주를 향해 이렇게 말하는 것이나 마찬가지입니다. "정말이지 난 좋은 걸 누리며 살 자격이 없어. 그러니 탐나는 게 보이면 몰래 취할 수밖에."

돈이 흘러들어 올 기회를 가로막는 부정적 신념은 잘 가려 살펴야 합니다. 그런 다음 그러한 신념을 바꾸고 새롭고 풍요로운 생각을 키워 나가야겠지요. 가족 중에 이렇게 해본 사람이 없더라도, 당신만큼은 마음을 열고 당신의 삶에 돈이 흘러들어올 수 있다는 생각을 품을 수 있습니다.

부유해지고 싶다면 부를 끌어들일 생각을 해야겠지요. 수년간 제가 활용해온 부에 관한 확언이 두 가지 있는데, 두 가지 다 꽤 효과가 좋았습니다. 아마 당신도 그 확언들의 효과를 체험할 수 있을 거예요. 두 가지 확언은 다음과 같습니다.

"수입이 계속 늘고 있어."
"어떤 분야에 손을 대든 난 금전적으로 성공하고 있어."

이 확언들을 활용하기 시작할 무렵 내 수중에 남은 돈은 아주 적었지만, 지속적으로 연습하다 보니 이 확언은 실제로 이루어졌습니다.

수차례 앞서 말했듯, 부에 관한 당신의 의식은 금전적 상황에 따라 달라지지 않습니다. 부에 관한 의식의 변화에 따라 돈의 흐름이 좌우되지요.

삶의 질도 개선해야 부도 추구할 수 있습니다. 그렇지 못할 경우, 가령 돈벌이 수단으로 택한 직업을 혐오한다면 돈을 번다고 한들 아무 소용이 없겠지요. 우리가 지닌 돈의 액수뿐 아니라 삶의 질 역시 부에 포함됩니다.

사실 부는 돈으로만 정의할 수 없습니다. 시간과 사랑, 성공, 기쁨, 안락함, 아름다움 그리고 지혜 등이 전부 부에 포함되지요. 예를 들어, 당신은 시간에 관해 빈곤을 느낄 수 있습니다. 만일 당신이 쫓기듯 서두르고 압박감을 느끼며 어쩔 줄 몰라 한다면, 당신의 시간은 빈곤의 늪에 빠진 셈입니다. 반면 주어진 일을 마무리할 시간이 충분하다고 여길 경우, 당신은 어떤 일이든 완수할 수 있다는 자신감에 차 있겠지요. 그러면 당신은 시간에 관한 한 부를 누리는 겁니다.

그렇다면 성공의 경우는 어떨까요? 성공이 멀게만 느껴져 손에 넣는 건 아예 불가능할 것 같나요? 혹은 당신이라면 당연히 성공에 이를 수 있을 거라 여기나요? 후자에 해당한다면, 당신은 이미 성공에 관한 부를 거머쥔 사람입니다.

당신의 신념이 무엇이든 간에 바로 지금 그 신념을 바꿀 수 있습니다. 당신을 빚어낸 그 힘은 이제 당신이 자신만의 경험을 스스로 만들어갈 수 있도록 힘을 선사한 거예요. 그래요, 당신은 변화할 수 있습니다!

Exercise

❖ 거울 보고 말하기

양팔을 벌리고 서서 이렇게 말해봅시다. "난 세상의 모든 좋은 것을 향해 마음을 열고 모두 받아들일 준비가 되어 있어." 어떤 기분이 드나요?

이제 거울 속 자신을 바라보며 감정을 실어 같은 말을 반복해보세요.

어떤 감정이 차오르나요? 자유로워진 느낌이 들지 않나요? 매일 아침 연습해보세요.

이 예제는 부와 관련된 당신의 의식을 고양해 더 좋은 것들을 삶으로 불러들이는 상징적인 행위라 할 수 있습니다.

❖❖ 돈에 대한 감정

이러한 돈의 영역과 관련된 당신의 자존감에 대해 알아봅시다. 다음 질문에 자세히 답해보세요.

- 이제 거울 앞으로 돌아가보세요. 자신을 바라보며 이렇게 말합니다. "돈에 관해 가장 두려운 건 이 점이야." 떠오르는 답을 써보고 그렇게 느끼는 이유를 자신에게 말해주세요.
- 돈과 관련해서 어릴 적 어떤 내용을 배웠나요?
- 부모님께서 성장하신 환경은 금전적으로 어려웠나요? 부모님께서는 돈을 어떻게 생각하시나요?
- 가족의 재정은 어떻게 관리되었나요?
- 현재 당신은 돈을 어떻게 관리하고 있나요?
- 돈에 관한 자신의 의식 중 바꾸고 싶은 점은 무엇인가요?

❖❖❖ 돈에 대한 의식

자, 그럼 돈의 영역과 결부된 당신의 자존감에 대해 좀 더 살펴보기로 합시다. 다음 질문에 자세히 답해보세요. 각 각의 부정적 신념에 상응하는 긍정적 확언을 현재형으로 써보세요.

---

① 돈을 벌고 소비를 즐기면서 스스로 괜찮은 사람이라고 여기나요?

부정적 신념 아니, 그렇지 않아. 난 돈을 버는 대로 다 써버려.

긍정적 확언 내가 가진 돈을 축복해. 돈을 저축하고 필요한 곳에

쓰는 건 참 괜찮은 일이야.

---

② 돈에 관한 나의 가장 큰 두려움은 무엇인가요?

부정적 신념 내내 빈털터리로 지낼까 봐 걱정돼.

긍정적 확언 난 이제 무한한 우주가 선사하는 끝없는 풍요를 받아들여.

---

③ 이렇게 신념으로써 '얻는 것'은 무엇인가요?

부정적 신념 난 줄곧 이렇게 가난할 테고, 결국 다른 사람들의 도움을

받는 신세가 될 거야.

긍정적 확언 난 스스로 힘을 얻고 나만의 현실을 정성껏 만들지.

그리고 삶의 진행 과정을 신뢰해.

④ 이런 신념을 버린다면 어떤 일이 벌어질까 걱정되나요?

부정적 신념 아무도 나를 사랑하지 않고 돌봐주지도 않을 거야.

긍정적 확언 난 이 우주에서 더없이 안전한 데다, 내 삶은 나를 사랑하고
지지해줘.

Affirmations

돈과 부를 위한 확언

다음 확언이 일상에 녹아들도록 해보세요. 차 안에서, 일터에
서, 거울을 들여다보면서, 언제라도 부정적 신념이 고개를 들
때마다 긍정적 확언을 자주 해보세요.

◆ 난 자애롭고 풍요로우며 조화로운 우주에 살고 있기에 이
   모든 것이 너무나 감사해.
◆ 난 자석처럼 돈을 끌어들이지. 온갖 부가 내게 끌려들어와.
◆ 난 은행에 돈을 쌓아둘 만한 자격이 있어.
◆ 내 소득은 꾸준히 오르고 있어.
◆ 요즘은 내가 이미 알고 있는 경로는 물론, 전혀 예상치 못
   한 곳에서도 돈이 흘러 들어와.
◆ 내 신용 등급은 항상 더 나아지고 있어.
◆ 난 현명하게 돈을 쓸 줄 알아.

◆ 돈은 늘 필요한 만큼 있어.

◆ 난 내 능력만큼의 돈을 지니고 있어.

◆ 내게 청구되는 고지서를 모두 사랑으로 축복해. 청구된 금액을 제때 지불하지.

◆ 난 항상 경제적 지불 능력이 있어.

◆ 난 기쁜 마음으로 퇴직 후 생활에 대비하고 있어.

◆ 난 저축을 즐기고 균형 잡힌 소비 생활을 하고 있어.

◆ 꾸준히 재정적 안정 상태를 유지할 수 있어서 기뻐.

◆ 난 부유해지고 있어.

부에 관한 당신의 의식은 금전적 상황에 따라 달라지지 않습니다. 부에 관한 의식의 변화에 따라 돈의 흐름이 좌우되지요.

Day 17

중독과 자기혐오

'중독 행동'은, "난 충분히 괜찮은 사람이 아니야"라는 말의 또 다른 표현입니다. 오늘은 이 주제를 살펴보려고 합니다. 이러한 행동 양식에 사로잡히게 되면, 우리는 일단 자신에게서 도망쳐보려고 하지요. 또 자신의 감정을 돌보지 않게 됩니다. 우리가 믿고 말하고 행하던 것들 중 무언가가 너무나 큰 고통으로 다가온 나머지 미처 마음을 살필 겨를도 없는 거지요. 그 결과 우리는 과식, 음주, 충동적인 성적 행동, 약물 복용, 빚을 지는 소비, 가학적 관계 등에 빠져들게 됩니다.

이러한 중독 행동 대부분을 치료하는 12단계 프로그램이 있습니다. 실제로 수천 명의 참가자가 효과를 보았습니다. 만일 심각한 중독 문제로 시달리고 있다면 알코올 중독자들 모임에 참석해볼 것을 권합니다. 그 모임에서는 이처럼 중요한 변화의 기로에 선 당신에게 꼭 맞는 도움을 줄 겁니다.

중독 행동을 보이는 사람들에게서 이끌어낸 결과를 이번 장에 그대로 대입할 수는 없겠지요. 우선 깨달아야 할 점은, 바로 우리 내면에 이러한 충동적 행동에 대한 욕구가 자리한다는 겁니다. 행동을 변화시키려면 그러한 욕구부터 내보내야 합니다.

마음에서 비롯된 힘을 인지함으로써 자신을 사랑하고 인정하는 동시에, 삶의 진행 과정을 신뢰하고 안정감을 느끼는 건 중독 행동에 대처할 때 아주 중요한 요인으로 작용합니다. 중독자들을 접해본 결과, 이들 중 대다수가 깊은 자기혐오에 시달린다는 점이 밝혀졌습니다. 그들은 좀처럼 스스로를 용서하지 않으려 합니다. 대신 매일같이 자신을 벌하지요. 왜 그래야 하는 걸까요? 인생의 어느 시점에서 (아마도 어린 시절) 스스로 충분히 괜찮은 사람이 아니라는 생각에 이른 것이지요. 그들은 '형편없는' 사람이었기에 벌을 받아 마땅했던 겁니다.

신체적·감정적 혹은 성적 학대를 수반하는 유아기의 경험도 그러한 유형의 자기혐오를 유발할 수 있습니다. 그리고 정직과 용서, 자기애 그리고 진실하게 살고자 하는 마음이 이러한 초기 상처를 치유하는 데 도움이 되지요. 이를 통해 중독자들은 자신의 행동을 잠시 멈출 수 있게 됩니다. 중독 성향은 두려움과도 연결됩니다. 그릇된 마음을 내보내고 삶의 진행 과정을 신뢰하기가 너무도 두려운 거지요. 이 세상은 불안전한 곳이고 우리를 '좌지우지' 하려는 사람들과 상황들로 가득하다고 믿어버리면, 그러한 신념은 곧 현실이 되고 맙니다.

힘 빠지게 하고 도움이 되지 않는 생각과 신념을 벗어던지고 싶은가요? 그렇다면 이 여정을 계속할 준비가 된 겁니다.

Exercise

❖ 중독에서 벗어나기

변화는 바로 '지금 여기', 당신의 마음속에서부터 시작됩니다. 이제 숨을 깊이 들이마셔보세요. 눈을 감고 당신이 깊이 빠져 있는 사람이나 장소, 사물을 떠올려봅시다. 그 중독의 뒤에 자리한 혼동을 그려보세요. 지금 당신은 자신의 바깥에 있는 어떤 것에 집착함으로써 내면의 잘못된 상황을 바로잡으려 하고 있습니다. 힘의 중심은 현재에 자리하며, 당신은 바로 오늘 변화를 일으킬 수 있답니다.

다시 한번 말하지만, 마음속에 자리한 욕구를 내보내세요. 이렇게 말해봅시다. "난 내 삶에서 _____ 에 대한 욕구를 내보낼 거야. 바로 지금 그 욕구에서 벗어나 삶의 과정을 신뢰하며 필요한 부분을 채워가고 있어."

매일 아침 이 문장을 말해보세요. 당신은 자유를 향해 또 한 발 내디딘 겁니다.

❖❖ 감춰둔 중독

중독에 관해 아무에게도 알리지 않은 비밀 열 가지를 나열해봅시다. 폭식에 빠져본 경험이 있나요? 그렇다면 먹다 버린 음식마저 먹어치웠던 적도 있을 거예요. 알코올 중독 경험이 있다면 운전 도중에도 마시려고 술을 차 안에 둔 적도 있겠지요. 상습 도박에 빠져본 적이 있다면 가족 명의로 돈을 빌려 도박할 돈을 마련했던 적도 있을 겁니다. 아주 정직하게 있는 그대로 내용을 써야 합니다.

이제 기분이 어떤가요? '최악의' 비밀을 한번 보세요. 그 시절 자신의 모습을 떠올려보고 그 사람을 사랑해주세요. 그 사람을 얼마나 사랑하는지 표현하고 용서합니다. 거울을 보고 이렇게 말하세요. "너를 용서해. 그리고 있는 그대로의 너를 사랑해." 이제 숨을 쉬어봅니다.

❖❖❖ 가족 불러들이기

이제 잠시 당신의 어린 시절로 돌아가 몇 가지 질문에 답해봅시다. 답을 쓰고 그 시절을 되돌아보세요.

◆ 어머니는 항상 내가 이러하길 바라셨지.

    ———————————————

◆ 내가 어머니한테 정말로 듣고 싶은 말은 이런 거였어.

    ———————————————

◆ 어머니가 정말 모르고 계셨던 건 이런 거였어.

    ———————————————

◆ 아버지는 내가 이러면 안 된다고 하셨지.

    ———————————————

◆ 아버지가 이런 점을 알고 계셨더라면.

    ———————————————

◆ 아버지가 이렇게 말씀하셨으면 좋았을 텐데.

    ———————————————

◆ 어머니, 제게 이렇게 하신 걸 용서해요.

◆ 아버지, 제게 이렇게 하신 걸 용서해요.

중독에 대처하기 위한 확언

다음 확언이 일상에 녹아들도록 해보세요. 차 안에서, 일터에서, 거울을 들여다보면서, 언제라도 부정적 신념이 고개를 들 때마다 긍정적 확언을 자주 해보세요.

◆ 난 평화로워.

◆ 난 어떤 상황에도 적절히 대처할 수 있어.

◆ 난 심호흡을 통해 스트레스를 내보내.

◆ 난 내 삶에서 벌어지는 모든 일에 대처할 힘과 용기, 지혜를 갖추고 있어.

◆ 난 사랑으로 나 자신을 성장시켜.

◆ 난 수용의 기운을 내뿜어. 사람들은 그런 나를 깊이 사랑해.

◆ 완벽하고자 하는 욕구에서 벗어나고 있어. 난 이대로 충분하니까.

◆ 난 내면의 지혜를 향해 마음을 열어두고 있어.

◆ 나 자신의 행동 양식을 잘 파악하고 있어. 그래서 당황하거나 죄책감 없이 변화를 추구해.

◆ 인식이야말로 치유와 변화의 첫걸음이지. 그래서 난 매일같이 나에 대해 좀 더 알아가고 있어.

◆ 삶의 흐름 안에서 아주 편안해. 내 삶은 내게 필요한 모든 걸 아무 걸림돌 없이 수월하게 제공하지.

◆ 나 자신과 삶에 대해 완전히 새롭게 생각해보고 있어.

◆ 누구도 나를 함부로 대할 수 없어. 나를 사랑하고 존중하며 내게 감사하니까.

◆ 난 성장하고 변화하는 나 자신을 상냥하고 친절하게 대해.

◆ 그 어떤 사람이나 장소, 사물도 나를 좌지우지하지 못해. 난 자유로우니까.

마음에서 비롯된 힘을 인지함으로써 자
신을 사랑하고 인정하는 동시에, 삶의 진행 과
정을 신뢰하고 안정감을 느끼는 건 중독 행동에
대처할 때 아주 중요합니다.

Day 18

늙음에 관한 오해

오늘은 많은 이가 그다지 달가워하지 않을 주제에 대해 살펴보려고 합니다. 바로 '노화'입니다. 숫자상 나이와 관계없이 우리는 실제로 점점 더 늙어갈 겁니다. 그렇다 하더라도 나이를 먹어가는 방식만큼은 우리 스스로 통제할 수 있답니다.

인간을 늙게 만드는 건 무엇일까요? 나이 들수록 아픈 데가 늘어난다는 신념처럼, 노화와 관련된 특정한 신념들이 그렇게 합니다. 병든 신념입니다. 자신의 신체를 혐오하고 시간이 촉박하다고 생각하게 되지요. 분노와 증오, 자기혐오, 마음의 고통, 수치심과 죄책감, 두려움, 편견, 독선에 사로잡히기도 하고요. 또 평가하길 즐기게 되고 마음의 짐이 늘어갑니다. 그뿐인가요? 자신에 대한 통제권을 남에게 넘겨주는 일도 발생하지요. 알고 보면 이 모든 것이 우리를 늙게 만드는 신념에 속합니다.

우리는 이러한 부정적 개념들을 굳이 받아들일 필요가 없습니다. 그리고 이 모든 상황을 전환할 수도 있지요. 계속 이런 식으로 살아갈 필요는 없으니까요. 이제 나만의 힘을 되찾을 때입니다.

사실 얼굴에 주름이 하나둘 생기는 것보다 훨씬 더 중요한 건 생기 있고 활기찬 기분을 느끼는 거지요. 하지만 우리는 이미 젊고 아름답지 않으면 인정받지 못한다는 사회적 합의에 도달한 상태입니다. 어째서 그런 생각에 동의해야 하는 걸까요? 자신과 타인을 향한 사랑과 연민은 어디로 자취를 감추었나요? 우리는 자신의 몸으로 살아가는 일을 아주 불편하게 만들어버렸습니다. 매일 자신의 몸에서 결점을 찾아내고 주름이 하나씩 늘 때마다 걱정하지요. 그래서 기분만 더 나빠지고 주름은 더욱 늘어만 갑니다. 이건 분명 자기애와는 거리가 멀어요. 오히려 자기혐오이며 자존감을 잃게 만들 뿐이지요.

한때 우리의 수명은 꽤 짧았습니다. 처음에는 10대 중반, 그다음에는 20대, 30대 그리고 40대로 수명은 좀체 크게 늘지 않았지요. 한 세기가 바뀔 시점에서도 50대는 늙은이로 간주되었습니다. 1900년경 인간의 기대 수명은 47

세에 머물렀답니다. 오늘날 우리는 80세 이상을 기대 수명으로 받아들이고 있지요. 그렇다면 의식 수준을 급등시켜 정상 수명으로 용인되는 단계를 120세나 150세로 새롭게 조정할 순 없을까요?

사실 아예 불가능하다고 볼 수는 없겠지요. 한두 세대만 더 거치면 훨씬 더 길어진 수명을 정상적이고 자연스럽게 받아들일 테니까요. 지금까지 45세는 중년으로 간주되었지만, 더는 그렇지 않습니다. 벌써부터 75세가 새로운 중년의 지표가 되는 추세입니다. 수세대에 걸쳐 사람들은, 지구 상에서 살아온 세월을 표시하는 숫자에 따라 느끼는 감정과 행동 양식이 달라져야 한다고 여겨왔습니다. 인생의 다른 모든 측면이 그러하듯, 노화의 문제 역시 우리가 정신적으로 받아들이고 믿는 바가 곧 진실이 되지요. 그러니 노화에 관해 우리가 믿어온 바도 이제 바꿔야 할 때가 온 거예요! 이따금 노쇠하고 병들고 겁에 질린 노인들을 주변에서 볼 때마다 저는 스스로 이렇게 말합니다. "꼭 저렇게 늙어갈 필요는 없잖아." 우리 대부분이 이미 알고 있듯, 생각을 바꾸면 우리의 삶도 변화할 수 있습니다.

노화에 대한 신념을 바꿔 노화의 과정을 긍정적이고 활기차며 건강하게 만들어갈 수 있습니다. 하지만 그렇게 하려면 우선 우리와 같은 '모범 연장자들'부터 피해 의식에서 벗어나야겠지요. 이제는 우리 연장자들이 의료 및 제약 업계로부터 힘을 되찾을 때입니다. 그동안 우리는 아주 비싸면서도 건강을 해치는 첨단 의료 때문에 우왕좌왕해왔지요. 우리 모두가 자신의 건강을 다스리는 법에 대해 배워야 할 때가 왔어요. 그러니까 몸과 마음이 서로 어떻게 연결되는지 알아보고 우리의 행동과 말, 생각이 건강에 영향을 미친다는 사실을 깨달아야 합니다.

Exercise

❖ 나는 노화를 어떻게 생각하고 있나

다음의 질문에 자세히 답해보세요.

◆ 부모님께서는 어떻게 나이 들고 계신가요? (이미 돌아가셨다면 부모님의 노년은 어땠나요?)

◆ 자신의 신체 나이가 어떻게 된다고 생각하나요?

◆ 세상을 위해 어떤 노력을 기울이고 있나요?

◆ 삶에서 어떤 식으로 사랑을 일궈가고 있나요?

◆ 긍정적 역할 모델로 삼고 있는 사람은 누구인가요?

◆ 노화에 대해 자녀들에게 어떤 내용을 알려주고 있나요?

◆ 건강하고 행복하며 활기찬 노년을 위해 오늘은 무엇을 하

고 있나요?

- ◆ 현재 당신은 노인들에 대해 어떻게 생각하나요? 그리고 그들을 어떻게 대하나요?
- ◆ 당신이 60세, 70세, 80세가 되면 삶은 어떨 것 같나요?
- ◆ 더 나이가 들면 어떻게 대우받기를 원하나요?
- ◆ 어떤 식으로 죽음을 맞이하고 싶은가요?

이제 앞으로 되돌아가서 부정적으로 답한 항목이 있으면 해당 항목을 긍정적 확언으로 전환해봅시다. 더없이 소중하게 빛날 당신의 노년을 그려보세요.

이 무지개 너머에는 금빛 상자가 기다리고 있습니다. 거기 보물이 묻혀 있다는 걸 우리는 알고 있어요. 우리의 노년은 가장 고귀한 보물과 같은 시간이 될 겁니다. 우리는 이 소중한 시간을 인생 최고의 시절로 만드는 법을 배워야 해요. 이 비법을 배워 다가올 세대와 나눠야겠지요. '젊어지기'는 실현 가능한 이야기입니다. 그 방법을 찾기만 한다면 말이지요.

여기 젊어지기를 실현하기 위한 비법 몇 가지를 소개합니다.

- ◆ 어휘 목록에서 '늙은'이라는 단어를 아예 빼버리세요.

◆ '노화'는 '더 길어진 수명'으로 바꾸세요.

◆ 새로운 개념을 기꺼이 받아들이세요.

◆ 생각의 비약적 발전을 시도해보세요.

◆ 기존의 신념을 바꿔보세요.

◆ 온갖 교묘한 속임수에 넘어가지 마세요.

◆ 정상이라고 간주되는 것들에 변화를 줘보세요.

◆ 질병을 활기찬 건강으로 전환해보세요.

◆ 내 몸을 정성껏 돌보세요.

◆ 우리에게 제약을 가하는 신념에서 벗어나세요.

◆ 생각을 흔쾌히 조정할 줄 알아야 해요.

◆ 새로운 생각을 받아들이세요.

◆ 자신에 대한 진실을 인정할 줄 알아야 해요.

◆ 사회에 사심 없이 봉사하세요.

우리는 모두 의식적으로 이상적인 노년을 그리며 삶이 선
사하는 보상을 충분히 누릴 시간을 꿈꾸지요. 우선 나이
와 상관없이 우리의 미래는 늘 밝다는 사실을 알아두세
요. 생각을 바꾸기만 한다면 가능한 일이니까요. 이제는
고령에 대한 온갖 끔찍한 이미지를 떨쳐내야 합니다. 그
리고 생각의 비약적 발전을 시도해보세요. 어휘 목록에서
'늙은'이라는 단어는 빼버립시다. 노인이 여전히 청년으
로 간주되고 기대 수명이 특정 숫자로 한정되지 않는 세
상을 만들어가는 거예요. 우리는 훗날 우리의 노년이 인

생에서 가장 빛나는 시간이 되길 바라니까요.

노화에 얽매이지 않기 위한 확언

다음 확언이 일상에 녹아들도록 해보세요. 차 안에서, 일터에서, 거울을 들여다보면서, 언제라도 부정적 신념이 고개를 들 때마다 긍정적 확언을 자주 해보세요.

- ◆ 나이 드는 것이 전혀 두렵지 않아.
- ◆ 난 몸과 마음이 모두 아름다운 사람이야.
- ◆ 난 스스로 만족할 줄 알고 강인한 사람이야.
- ◆ 충만하고 자유로운 삶을 사는 건 타고난 권리야.
- ◆ 난 나를 사랑하고 주변의 모든 사람도 나를 사랑해.
- ◆ 내가 몇 살이든 활기차고 건강해.
- ◆ 기쁜 생각을 하면 주변 세상도 기쁨으로 가득해져.
- ◆ 삶의 매 순간이 완벽해.
- ◆ 한 살씩 나이 들어갈 때마다 사람들은 내 진가를 알아보지.
- ◆ 난 모든 제약을 뛰어넘어. 신성한 힘이 나를 인도하고 영감을 불어넣어주지.
- ◆ 살아가는 동안 내 주변은 멋진 사람들로 가득해.

◆ 나에게는 연령대에 따라 적절하고 아름다운 자율권이 있어.

◆ 생활이 점점 개선되고 있어.

◆ 난 건강과 행복, 풍요롭고 평화로운 마음으로 가득해.

◆ 난 늘 상황에 꼭 들어맞는 완벽한 나이를 누리고 있어.

우리의 노년은 가장 고귀한 보물과 같은 시간이 될 겁니다. 우리는 이 소중한 시간을 인생 최고의 시절로 만드는 법을 배워야 해요.

Day 19

스트레스 없는 생활

오늘은 가능한 한 '스트레스 없이 살아가는 방법'에 대해 알아보려고 합니다.

지금 이 순간, 당신은 주어진 삶을 온전히 즐길 수도, 혹은 그렇지 못하고 그냥 흘려보낼 수도 있습니다. 현재의 생각은 몸을 통해 느껴지는 당신의 기분을 결정하고 나아가 내일의 경험을 만들어가지요. 만일 당신이 사소한 계기로 심한 스트레스를 느끼고 작은 일도 크게 부풀려버린다면, 결코 내적 평화에 도달하지 못할 겁니다.

오늘날 우리는 늘 스트레스에 대해 이야기합니다. 모두가 무언가로 인해 스트레스에 시달리지요. 스트레스는 어느새 유행어가 되어 일종의 핑곗거리처럼 사용되는 지경에 이르렀습니다. "스트레스가 너무 심해" "정말 스트레스거

리군" 혹은 "전부 스트레스야. 스트레스, 스트레스라고"처럼 말입니다.

아마도 스트레스는 끊임없이 변화하는 삶에 대한 두려움의 반응일 겁니다. 또 우리가 자신의 기분에 대해 책임지지 않으려고 이따금 사용하는 변명이기도 합니다. 그 책임을 내가 아닌 외부의 어떤 사람이나 사물을 향해 돌리고선 아무런 잘못이 없는 피해자인 척하는 거지요. 하지만 피해자가 된다고 해서 기분이 좋아질 리 없고 상황 자체도 바뀌지 않습니다.

우리는 종종 삶의 우선순위를 혼동해서 스스로에게 스트레스를 주기도 합니다. 너무도 많은 사람이 인생에서 가장 소중한 건 돈이라고 여기지요. 이건 정말이지 사실이 아닌데도 말입니다. 돈보다 훨씬 더 중요하고 값진 것이 있지 않던가요? 그것 없이 우리는 살아갈 수 없어요. 그건 과연 무엇일까요? 바로 우리가 들이마시고 내쉬는 숨입니다.

숨은 우리 삶에서 가장 소중한 요소입니다. 그런데도 우리는 숨 쉬는 걸 아주 당연하게 여기지요. 숨을 내쉬고 나면 바로 다음 숨을 들이쉬게 되기 때문입니다. 자연스럽게 숨을 들이마시지 못한다면, 아마 우리는 단 3분도 버

티지 못할 거예요. 그렇다면 생각해봅시다. 우리를 창조한 그 힘이 살아가는 데 필요한 호흡을 허락했다면, 우리가 필요로 하는 다른 모든 것 역시 주어질 거라고 믿을 순 없을까요?

우리가 직면한 온갖 사소한 문제를 삶이 처리할 거라 믿는다면, 스트레스는 어느새 눈 녹듯 사라질 겁니다.

부정적 생각이나 감정에 시간을 쏟지 마세요. 원하지 않는다고 말하는 것들만 더 많이 찾아들 테니까요. 긍정적 확언을 하고 있지만 바라는 결과가 도출되지 않는다면, 하루 중 얼마나 자주 기분이 언짢아지거나 화가 나는지 점검해보기 바랍니다. 이러한 감정들은 우리를 좌절시키고, 확언의 실현을 지연시키며, 좋은 일들의 유입을 가로막지요.

다음에 또 심한 스트레스가 찾아오면, 스스로 무엇을 두려워하고 있는지 물어보세요. 스트레스는 한낱 두려움에 지나지 않습니다. 네, 그렇게나 간단한 문제예요. 삶이나 자신의 감정을 두려워할 필요는 없습니다. 마음속에 두려움이 자리하기까지 자신을 어떻게 대해온 건지 알아야 합니다. 우리는 기쁨과 조화 그리고 평화를 내면의 목표로서 추구합니다. 조화는 자기 자신과 더불어 평화로운 상

태를 유지하는 거지요. 그리고 스트레스와 내면의 조화가
공존하기란 불가능합니다. 마음이 평화로우면 한 번에 한
가지씩 일을 처리하게 됩니다. 외부 요소의 영향에 휘둘
리지 않으면서 말이지요.

그러니 스트레스가 몰려온다는 느낌이 들면 마음속 두려
움을 몰아낼 만한 행동을 취하세요. 심호흡을 한다거나
힘차게 걸어보는 거지요. 이렇게 확언하는 것도 잊지 말
고요.

— "난 나만의 세상에서 유일하게 힘을 발휘하는 사
람이야. 평화와 사랑, 기쁨이 넘치며 충만한 삶을
일구어나가지."

아마 당신은 무탈하고 안전한 삶을 살길 바라겠지요. 그
렇다면 '스트레스'와 같이 하찮은 말에 힘을 싣지 마십시
오. 또 신체에 긴장을 가할 핑곗거리로 그러한 말을 사용
하지 마세요. 그 누구도, 그 어떤 장소나 사물도 당신을
좌지우지할 수 없습니다. 당신은 마음속에서 생각을 발전
시킬 수 있는 유일한 사람입니다. 그 생각이야말로 당신
의 삶을 꾸려가는 주체이고요.

그러니까 기분을 좋게 하는 생각을 하도록 연습하세요.

그러다 보면 늘 안팎으로 기쁨이 넘쳐나는 삶을 만들어갈 수 있을 겁니다. 기쁨은 더욱 큰 기쁨을 선사할 무언가를 몰고 오는 법입니다.

스트레스 없는 생활을 위한 확언

다음 확언이 일상에 녹아들도록 해보세요. 차 안에서, 일터에서, 거울을 들여다보면서, 언제라도 부정적 신념이 고개를 들 때마다 긍정적 확언을 자주 해보세요.

◆ 두려움과 의심을 전부 내보내면 삶은 그만큼 단순하고 수월해져.

◆ 난 스트레스 없는 나만의 세계를 만들어가.

◆ 난 지금 목 주변 근육을 편안히 하고 어깨에 긴장을 풀어.

◆ 천천히 숨을 들이쉬고 내쉴 때마다 점점 더 편안해지는 걸 느껴.

◆ 난 유능하고 어떤 일이 주어지든 잘 처리할 수 있어.

◆ 난 중심이 잘 잡혀 있고 집중도도 높은 편이야. 내 삶은 매일 점점 안정되어가고 있어.

◆ 난 침착하고 정서적으로도 균형 잡혀 있어.

- ◆ 난 스스로도 편안한 상태고 다른 사람들을 대할 때도 편안하게 행동하지.
- ◆ 난 어떤 상황에서도 침착하게 기분을 표현해.
- ◆ 난 친구들과 가족 구성원들 그리고 동료들과 훌륭한 관계를 유지하고 있어. 그리고 그들에게 인정받고 있지.
- ◆ 난 재정적으로 편안한 상태야. 매달 청구되는 비용도 늘 제때 낼 수 있지.
- ◆ 난 일과 중 벌어지는 모든 문제에 잘 대처할 수 있어.
- ◆ 몸과 마음에 자리한 부정적 성향은 전부 내보내지.
- ◆ 모든 측면에서 삶에 긍정적 변화를 더해가고 있어.
- ◆ 난 변화에 직면할 때도 침착을 유지할 만한 힘이 있어.

스트레스는 한낱 두려움에 지나지 않습니다. 네, 그렇게나 간단한 문제예요. 삶이나 자신의 감정을 두려워할 필요는 없습니다.

확언 연습하기

확언을 삶의 일부로 만들려면 연습이 필요합니다. 운전이나 타자, 테니스, 긍정적으로 생각하기 등 그 주제가 무엇이든 배움의 과정은 늘 동일하지요. 우선은 시행착오를 겪습니다. 그리고 잠재의식 안에서 무언가를 배워가는 동안 제대로 갈피를 못 잡고 갈팡질팡하겠지요. 그러다 그 과정이 조금씩 수월해지면서 우리의 기량도 조금씩 향상됩니다. 물론 첫날부터 완벽할 순 없어요. 그저 할 수 있는 거라면 뭐든 시도해보는 거지요. 그거면 시작으로 충분합니다.

자신에게 자주 이렇게 말해보세요. "난 할 수 있는 선에서 최선을 다하고 있어."

처음으로 강연했을 때가 아직도 생생히 기억납니다. 강의를 마치고 강단에서 내려오자마자 저는 저 자신을 이렇게 다독였답니다. '루이스, 정말 멋지게 해냈어. 처음인데도 굉장히 잘해냈네. 이렇게 대여섯 번만 해보면 완전히 프로가 되겠는걸.'

한두 시간이 지난 후 저는 저 자신을 향해 또 한 번 말을 건넸습니다. '그런데 말이야, 몇 가지만 좀 바꾸면 될 것 같아. 이 부분을 좀 고쳐볼까? 그래, 이렇게 바꿔보자.' 어떤 식으로든 스스로를 비판하고 싶진 않았답니다.

'아, 정말이지 끔찍했어. 이 부분도 잘못했고 저기서도 실수를 저질렀네.' 강단에서 내려와 스스로 이렇게 몰아세웠다면, 두 번째 강의에 대해 분명 엄청난 두려움이 앞섰겠지요. 결과적으로 두 번째 강의는 처음보다 수월했고, 여섯 번째 강단에 섰을 땐 정말 프로가 된 기분이 들었습니다.

Exercise

❖ 매일 확언

한두 개의 확언을 정해서 하루에 열 번에서 스무 번 정도 직접 써보세요. 열의를 품고 큰 소리로 확언을 읽어보세요. 확언으로 노래를 만들어 즐겁게 불러볼 수도 있어요. 하루 종일 확언을 마음속에 떠올리며 지내보세요.

지속적으로 사용하는 확언은 곧 신념이 되며, 신념은 언제나 상응하는 결과를 낳는 법입니다. 때로는 미처 상상해보지도 못한 방식으로 말이지요.

❖❖ 새로운 나로 거듭나기

목표하고 있고 매진하는 일이 성과를 거둔 모습, 하고자 하는 일을 하거나 되고자 하는 사람이 된 자신의 모습을 그려보고 상상해보세요. 아주 세세한 부분까지 모두 포함해서 말이에요. 그 상황 속에서 느끼고 보고 맛보고 만져보고 들을 수 있어야 합니다. 새롭게 변화한 당신의 상태를 눈치챈 사람들의 반응을 한번 보세요. 사람들의 반응이 어떠하든 흔들릴 필요는 없답니다.

❖❖❖ 지식 넓혀가기

마음이 작동하는 방식을 더 잘 인식하고 이해할 수 있게 가능한 한 모든 관련 자료를 읽어봅시다. 우리가 구해야 할 지식은 아직도 엄청나게 많답니다. 이 책은 그저 첫 단추에 불과해요. 견해를 달리하는 자료 또한 찾아봅시다. 다른 사람들이 다른 방식으로 말하는 내용에 귀 기울여보세요. 지식이 어느 정도 쌓일 때까지 그룹 스터디에 참여해보는 것도 좋습니다.

이것은 인생 전반에 걸쳐 이어지는 작업입니다. 배울수록 지식이 넓어지고, 연습과 적용을 거듭할수록 기분은 더 좋아지며, 당신의 인생도 훨씬 더 근사해지지요.

있는 그대로의 자신과 자신이 하는 일을 사랑해보세요. 나와 삶을 유쾌한 시선으로 바라본다면 그 어떤 것도 나를 해할 수 없습니다. 결국 영원한 건 없어요. 어쨌거나 당신이 새로 태어난다면 새로운 길을 걸어가겠지요. 그럼, 지금 그렇게 해보는 건 어떨까요?

잠들기 전 두 눈을 감고 삶에서 누리는 좋은 모든 것에 감사하는 마음을 가져보세요. 앞으로 멋진 일이 더 많이 생길 테니까요.

하루 일과를 마무리하는 밤에 뉴스를 시청하는 건 권하지 않습니다. 뉴스에는 온갖 불행한 일이 소개되므로 그런 소식을 당신의 꿈으로까지 끌어들일 필요는 없겠지요. 꿈의 단계에서는 생각보다 많은 정화 작업이 이루어지기 때문에 신경 쓰이는 일과 관련해 꿈에 도움을 요청해보아도 좋을 겁니다. 사람들은 종종 꿈에서 깨어난 아침에 구하던 답을 찾기도 한답니다.

평화로운 마음으로 잠자리에 드세요. 그리고 삶의 진행 과정을 신뢰해야 합니다. 삶은 늘 당신 편에 서서 가장 좋은 것과 제일 큰 기쁨을 선사하려 하니까요.

지금 하는 일이 고되거나 지루하다고 불평하지 마세요. 게임처럼 재미있게 즐길 수도 있으니까요. 기쁨을 주는 일이 될 수도 있답니다. 이건 전적으로 당신에게 달렸어요. 심지어 용서하는 연습이나 분노를 내보내는 일도 당신이 원한다면 즐거워질 수 있습니다. 다시 한번 연습해봅시다. 마음에서 놓아주기 힘든 사람이나 상황을 아주 간단한 노래로 만들어보세요. 짧은 노래를 흥얼대다 보면 심각하기만 하던 일이 한결 가볍게 느껴질 수 있어요. 상담 의뢰인들과 개인 면담을 진행하게 되면, 나는 가능한 한 빨리 웃을 수 있는 기회를 만들려고 한답니다. 이른 시간 안에 웃음을 터뜨릴수록 해당 문제에 대한 심리적 부담감에서 더 빨리 벗어날 수 있기 때문이지요.

닐 사이먼의 연극 무대에 당신이 고민하는 문제가 오른다고 생각해보세요. 당신은 그걸 보는 관객이고요. 아마도 그 자리에서 박장대소하겠지요. 비극과 희극은 결국 동일 선상에 있습니다. 그저 사람들의 관점에 따라 갈릴 따름이지요. '아, 우리네 인간이란 얼마나 어리석던가.'

당신이 이제 뛰어들 그 혁신적 변화의 시간이 기쁘고 즐겁도록 온 힘을 쏟아보세요. 축복을 보냅니다!

지속적으로 사용하는 확언은 곧 신념이 되며, 신념은 언제나 상응하는 결과를 낳는 법입니다. 때로는 미처 상상해보지도 못한 방식으로 말이지요.

Day 21

한 발 앞으로 나아가기

원하지 않았던 상황을 맞이하고서 한탄했던 적이 몇 번이
던가요? 그렇게 해서 정말 바라던 걸 얻었나요? 진심으로
삶에 변화를 일으키고 싶다면, 부정적 기운에 대응하는
것과 같은 시간 낭비는 하지 않기로 해요. 원하지 않는 건
자꾸 생각할수록 더 많이 생겨나는 법이랍니다.

'뚱뚱해지기 싫어.' '빈털터리가 되고 싶지 않아.' '늙기 싫
어.' '여기서 살기 싫어.' '이 관계를 원하지 않아.' '엄마,
아빠처럼 되기 싫어.' '이 직장에 붙잡혀 있고 싶진 않아.'
'이런 몸은 원한 적 없어.' '외로운 건 싫어.' '불행해지고
싶지 않아.' '아프긴 싫어.'

이런 종류의 자기비난은 기존의 케케묵은 신념을 붙잡아
두는 마음일 뿐입니다. 이는 또한 우리가 어떠한 문화적

교육 방식을 통해 부정적 기운에 정신적으로 맞서게 되었는지를 보여주지요. 부정성에 대항하면 자연적으로 긍정적 기운이 찾아들 거라 생각한 겁니다. 하지만 실제로는 그렇지 않습니다.

한때 자기부정 의식에 사로잡혀 있었을 땐 이따금 스스로 제 뺨을 때리곤 했습니다. 자기수용의 의미도 모르던 시절이었지요. 당시에는 제 안의 결핍과 제약에 대한 신념이 너무도 강했던 나머지, 그 반대를 주장하는 사람들의 이야기는 귀담아서 듣지 않았지요. 만일 누군가가 저를 사랑받는 사람이라고 말했다면, 그때 저는 즉각 이렇게 반응했을 거예요. "어떻게 알아요? 다른 사람이 내 속을 들여다볼 수 있다는 건가요?" 아니면 흔히들 하는 생각을 했을 겁니다. '실제로 내가 어떤 사람인지 안다면 절대 나를 좋아할 리 없을 텐데.'

그 시절의 전 미처 모르고 있었습니다. 모든 좋은 일은 자신의 내면을 인정하고 그 누구도 아닌 자신을 사랑할 때 비로소 시작된다는 걸 말이에요. 저 자신과 평화롭고 애정 넘치는 관계를 쌓기까지, 저는 꽤 많은 시간을 흘려보내야 했답니다.

저는 우선 저 자신에 관한 사소한 특징들 중 '모범적 자질'에 해당하는 점들을 찾아보곤 했어요. 이렇게만 해도 꽤 도움이 되었고 건강도 좋아지기 시작했지요. 사실 건강은 자신을 사랑하는 것에서부터 출발한답니다. 그러니 부를 추구하고 사랑을 시작하고 창조적으로 자신을 표현해보세요. 결국 저 역시 저에 관한 모든 걸 사랑하고 인정하는 법을 터득했습니다. 스스로 생각하기에 '충분히 훌륭하지 않은' 자질들까지 포함해서요. 그러고 나서야 비로소 한 걸음 앞으로 나아갈 수 있게 되었답니다.

잠시 사과나무를 떠올려봅시다. 건강한 나무에는 사과가 족히 백 개 이상 열릴 수 있어요. 그런데 이처럼 열매가 많이 달린 풍성한 사과나무를 얻으려면 우선 아주 작은 씨앗부터 구해야 합니다. 그 씨앗은 처음엔 사과나무처럼 보이지도 않지요. 물론 사과의 맛도 내지 못합니다. 사과나무의 씨앗이라는 사실을 모르는 상태라면, 그것이 사과나무가 될 거라고 생각조차 안 하겠지요. 어쨌건 이 씨앗을 기름진 땅에 심고 물을 주고 햇볕을 쪠게 해주었다고 합시다.

드디어 처음 올라온 작디작은 싹을 발견한 당신이 싹을 마구 짓밟으며 이렇게 말할 리는 없겠지요. "이건 사과가 아니잖아." 아마도 당신은 싹을 바라보며 이런 반응을 보일 겁니다. "오, 이런! 드디어 싹이 나왔다." 그리고 설레는 마음으로 싹이 자라는 걸 지켜볼 테지요. 그리고 때맞춰 물을 주고 햇빛을 보게 하고 잡초를 뽑아준다면, 곧 맛 좋은 사과가 주렁주렁 열리는 광경을 볼 수 있을 겁니다. 이 모든 건 하나의 작은 씨앗에서부터 시작되었어요.

새로운 경험을 만들어가는 일도 마찬가지랍니다. 씨앗을 심는 땅은 바로 당신의 잠재의식이에요. 씨앗은 새롭게 정한 확언이고요. 새로운 경험은 모두 이 자그마한 씨앗 안에 담겨 있어요. 확언을 계속하며 씨앗에 물을 주는 거예요. 긍정적 생각을 품으면 눈부신 햇살이 내리쬐게 되지요. 또 문득문득 떠오르는 부정적 생각을 내보내면 정원의 잡초가 제거됩니다. 마침내 아주 작은 새순이 처음 고개를 내밀었을 때 당신은 설마 그걸 짓밟으며 이렇게 말하진 않겠지요. "겨우 이게 다야?!" 대신 땅을 뚫고 올라온 이 순을 바라보며 신이 나서 이렇게 외칠 겁니다. "오, 이런! 드디어 싹이 나왔다. 정말 사과나무가 자라고 있잖아!"

확언을 배울 때, 전체론적인 접근법을 적용해볼 필요가 있습니다. 전체론적 철학은 존재의 전반, 그러니까 몸과 마음 그리고 영혼까지 전부 키우고 향상시키는 걸 추구합니다. 이 중 하나라도 돌보지 못하는 영역이 생긴다면 우리는 불완전한 존재로 남겠지요. 한 인간으로서 온전함을 잃게 되는 겁니다. 몸과 마음, 영혼 중 어디부터 돌아보느냐는 크게 중요하지 않습니다. 나머지 영역까지 잊지 않고 전부 포함시키기만 한다면 말입니다.

우선 신체의 경우부터 살펴보자면, 영양적인 측면부터 돌아보아야 합니다. 식음료의 선택이 우리의 기분에 영향을 미치는 방식과 그 상관관계를 알아보기 위해서입니다. 우리는 늘 자신을 위해 최선의 선택을 하고자 합니다. 약초와 영양제, 동종요법, 바흐 플라워 요법에 이르기까지, 신체 건강을 위한 각종 보조 수단도 셀 수 없이 많지요. 결장結腸까지 살펴볼 수 있는 시대이니까요.

우리는 자신에게 적절한 형태의 운동을 찾고자 합니다. 운동을 통해 우리는 뼈를 강화하고 신체를 젊게 유지할 수 있지요. 조깅과 수영 외에 댄스나 태극권, 무술, 요가와 같은 활동도 한번 고려해보세요. 저는 트램펄린을 정말 즐겨서 매일같이 활용하고 있답니다. 또 트레이닝용 경사 보드를 사용하면 긴장이 이완된 상태를 더 오래 유지할 수 있어요.

근막을 이완시켜 근육의 균형을 맞추는 마사지 요법인 롤핑Rolfing이나 헬러워크Hellerwork 혹은 트래거Trager와 같은 바디 워크body work에도 관심을 둘 수 있겠지요. 마사

지와 발 반사, 침술, 혹은 척추 지압 등의 요법도 전부 도움이 될 수 있습니다. 또 자세 교정법이나 생체역학, 펠든크라이스Feldenkrais 요법, 터치 포 헬스TFH, 레이키Reiki 요법 등과 같은 형태의 바디 워크도 있지요.

이 외에도 게슈탈트 심리 요법, 최면 요법, 환생 요법, 심리극, 전생 체험, 미술 치료, 드림 워크dream work 등의 여러 심리학적 요법도 있지요. 또 그 형태에 상관없이 명상은 마음을 진정시켜 나만의 '깨달음'에 이르도록 하는 놀라운 방식입니다. 저는 보통 눈을 감고 앉아 우선 이렇게 말해봅니다. '내가 알아야 할 게 뭐지?' 그런 다음 답이 떠오를 때까지 조용히 기다려보지요. 답을 찾는다면 아주 잘된 겁니다. 하지만 답을 찾지 못해도 괜찮아요. 다른 날에 생각날 수도 있으니까요.

영적 영역의 경우, 기도와 명상, 자신의 더 높은 근원과의 연결 등의 분야가 있습니다. 제 경우엔 용서와 무조건적 사랑의 실천이 영적 수행 과정에 해당한답니다.

종교 단체 역시 우리 주변에 다양하게 존재하지요. 개신교 교회뿐 아니라 천주교 성당, 불교 사찰, 이슬람 사원 등도 있습니다. 또 자아실현회, 초월 명상원, 싯다 재단, 위빠사나 명상 센터 등의 단체도 찾아볼 수 있지요.

자, 그럼 이제 새로 습득한 내용을 다지고 한 발짝 더 전진할 수 있는 방법을 간추려보도록 합시다. 다음 항목을 참고하세요.

- ◆ 확언 써보기
- ◆ 확언을 큰 소리로 말하기
- ◆ 확언을 노래로 만들어 부르기
- ◆ 감사함을 표현하기
- ◆ 긴장을 풀 수 있는 운동에 시간 할애하기
- ◆ 앉아서 명상 혹은 기도하기
- ◆ 운동 즐기기
- ◆ 양질의 영양소 섭취하기
- ◆ 시각화와 심상 활용하기
- ◆ 지식을 습득하고 연구하기

지금까지 살펴본 방식들을 많이 시도해볼수록 확언의 결과가 차츰 드러나기 시작할 겁니다. 이제 당신은 삶에서 작은 기적들을 목격하게 될 거예요. 인생에서 몰아내기로 마음먹은 것들은 자연스럽게 사라지겠지요. 바라던 바나 일이 갑자기 이루어지기도 할 테고요. 그래요, 여태 한 번도 상상해보지 못한 결과가 나타날 겁니다!

부를 추구하고 사랑을 시작하고 창조적으로 자신을 표현해보세요. 그러고 나서야 비로소 한 걸음 앞으로 나아갈 수 있습니다.

마치며

지금까지 우리는 삶의 다양한 영역별로 확언을 적용하는 과정에 대해 알아보았습니다. 자신을 위해 긍정적인 확언을 만들고 사용할 수 있도록 여러 가지 방식을 제시해드렸어요.

이 책은 당신을 멋진 삶으로 이끌 긍정적 방향을 제안해줄 수 있습니다. 하지만 중요한 건, 당신 스스로 그걸 활용해야 한다는 겁니다. 책에 새겨진 글자가 삶의 질을 향상시키진 못하니까요.

확언을 삶의 일부로 만들어보세요. 각기 다른 내용의 확언이 적힌 쪽지를 당신 가정의 여러 장소에 놓아둡니다. 업무와 관련된 문제 때문에 사무실에도 확언 쪽지를 둘 수 있겠지요. 다른 사람들에게 보이고 싶지 않다면 책상

서랍 안에 두고 혼자만 봐도 좋습니다.

당신이 몰고 다니는 차량 계기판에 안전하고 순조로운 운전을 위한 확언을 붙여둘 수도 있겠네요. (다른 운전자들을 향해 늘 욕설을 퍼붓는다면, 서툰 운전자들이 자동적으로 몰려들 겁니다. 당신의 확언을 실현시키기 위해서 말이지요.)

욕설도 확언입니다. 걱정 역시 확언이지요. 증오도 확언이고요. 이 모든 건 당신이 확언하는 대상을 끌어들입니다. 마찬가지로 사랑과 공감, 감사와 인정도 마찬가집니다. 이것들을 끌어들이는 건 당신의 확언입니다.

집 안 어디부터 청소를 시작하든 크게 상관이 없는 것처럼, 삶에서 변화를 시도하는 영역의 우선순위 역시 문제될 건 없습니다. 사실 가장 좋은 건 간단한 데서부터 시작하는 거예요. 결과를 빨리 얻어 효과를 확인하면 보다 큰 문제를 다룰 자신감도 상승하기 때문입니다.

일단 확언을 하고 나면 그 메시지를 내보내 퍼져나가도록 해야 합니다. 당신은 원하는 바를 정해두었지요. 그리고 생각과 말을 통해 그 대상을 확언해보았습니다. 이제는 확언을 우주로 내보내고 삶의 법칙을 통해 바라던 것들이 찾아들게 해야 할 때입니다.

확언이 어떤 식으로 이루어질까 염려하고 조바심을 낸다면, 그건 그저 실현의 전체적 과정을 지연시킬 따름입니다. 확언이 결실을 맺는 방식에 대해 고민하는 건 당신 몫이 아니에요. 무언가를 바라는 것이 이루어졌다고 분명히 말하면, 끌어당김의 법칙이 작용하여 우주가 당신이 원한 바로 그것을 가져다준답니다. 사실 이 우주는 당신보다 훨씬 더 영리해서 확언을 실현시키는 방법이란 방법은 죄다 알고 있습니다. 확언의 실현이 지연되거나 당신이 부정당하는 것 같다면, 그건 확언의 대상을 누릴 자격이 없다고 스스로 믿기 때문일 거예요. 어쩌면 그러한 부정적 신념이 너무도 강한 나머지 확언을 이기는 것일 수도 있고요.

잊지 마세요.

지금 이 순간이 충분히 멋지다고 해도 다가올 미래는 훨씬 더 충만하고 기쁨으로 가득할 수 있습니다. 우주는 늘 온화하게 미소 지으며 우리의 생각과 삶의 법칙이 맞아떨어지길 기다리고 있답니다. 우리의 생각이 우주의 질서에 부응할 때, 모든 일은 물 흐르듯 순조롭게 흘러갈 겁니다.

정말로 가능한 일입니다. 제가 해냈다면 당신도 할 수 있어요. 우리는 모두 그럴 수 있어요. 얻고자 하는 걸 위해 노력을 기울여보세요. 결과는 분명 만족스러울 거예요. 당신을 둘러싼 세상도 전부 더 나은 방향으로 변화할 겁니다. 당신의 삶에 긍정적 변화가 다가와 틀림없이 커다란 행복을 안겨줄 겁니다.

이건, 새로운 변화의 시작일 뿐이에요!

21 DAYS TO UNLOCK THE POWER OF AFFIRMATIONS
Copyright © 2022 Hay House, Inc.
Originally published in 2022 by Hay House, Inc.

Korean translation copyright © 2024 by Gimm-Young Publishers, Inc.
This Korean translation edition is published by agreement with
Hay house UK Ltd. through Danny Hong Agency

이 책의 한국어판 저작권은 대니홍 에이전시를 통한
저작권사와의 독점 계약으로 김영사에 있습니다.
저작권법에 의해 한국 내에서 보호를 받는 저작물이므로
무단전재와 무단복제를 금합니다.

루이스 헤이의
긍정 수업

1판 1쇄 인쇄 2024. 3. 25.
1판 1쇄 발행 2024. 4. 15.

지은이 루이스 헤이
옮긴이 이민정

발행인 박강휘
편집 태호 디자인 조은아 마케팅 윤준원 홍보 최정은, 송현석
발행처 김영사
등록 1979년 5월 17일(제406-2003-036호)
주소 경기도 파주시 문발로 197(문발동) 우편번호 10881
전화 마케팅부 031)955-3100, 편집부 031)955-3200 | 팩스 031)955-3111

값은 뒤표지에 있습니다.
ISBN 978-89-349-8102-2 04190
        978-89-349-5018-9 (세트)

홈페이지 www.gimmyoung.com   블로그 blog.naver.com/gybook
인스타그램 instagram.com/gimmyoung   이메일 bestbook@gimmyoung.com

좋은 독자가 좋은 책을 만듭니다.
김영사는 독자 여러분의 의견에 항상 귀 기울이고 있습니다.